Printed in the United States
By Bookmasters

إدارة المعلومات والمعرفة

إدارة المعلومات والمعرفة

الدكتور
علاء فرج الطاهر

الطبعة الأولى
2010م-1431هـ

المملكة الأردنية الهاشمية
رقم الإيداع لدى دائرة
المكتبة الوطنية (2009/6/2312)

020 علاء ، فرج الطاهر

ادارة المعلومات والمعرفة/علاء فرج الطاهر .-عمان :

دار الراية ، 2009

(   )ص

ر.أ : 2009/6/2312

ISBN 978-9957-499-76-1 ردمك

الواصفات :/ ادارة المعلومات // المعرفة /

- ❖ أعدت المكتبة الوطنية بيانات الفهرسة والتصنيف الأولية
- ❖ يتحمل المؤلف كامل المسؤولية القانونية عن محتوى مصنفه ولا يعبر هذا المصنف عن رأي دائرة المكتبة الوطنية أو أي جهة حكومية أخرى .

دار الراية للنشر والتوزيع

الأردن-عمان
شارع الجمعية العلمية الملكية - المبنى الإستثماري الأول للجامعة الأردنية
هاتف: 5338656 فاكس:96265348656+
ص.ب: 2547 الجبيهة- الرمز البريدي 11941 عمان- الأردن
Email:dar_alraya@yahoo.com

المحتويات

مقدمة

مع تطور الصناعة وظهور التكنولوجيا الحديثة المتطورة والهائلة وخصوصاً في مجال المعلومات والبيانات أصبح من الضروري مواكبة عصر تكنولوجيا المعلومات والتعامل مع البيانات بطريقة علمية مسايرة للتطور التكنولوجي الهائل وبالتالي ظهرت الحاجة إلى إدارة متخصصة تعمل على معالجة البيانات والمعلومات وحفظها وتوثيقها والتعامل معها بعناية فائقة فظهرت ما يسمى بتكنولوجيا المعلومات أو إدارة المعلومات أو إدارة المعرفة. إن إدارة المعرفة تبحث في كيفية التعامل مع المعلومات والأرقام والبيانات والحصول عليها وتخزينها وحفظها للطلب. لقد أصبحت كافة الدوائر والمؤسسات سواء كانت مؤسسات القطاع العام من وزارات ودوائر حكومية وشركات عامة أو مؤسسات القطاع الخاص من منظمات ومنشآت ومؤسسات ربحية سواء صناعية إنتاجية أو خدمية مثل المصانع والبنوك والفنادق وغيرها من قطاع الأعمال الذي يهدف إلى الربح، أصبحت كل هذه المؤسسات بحاجة إلى إدارة رفيعة المستوى متخصصة يطلق عليها إدارة المعرفة. ويتعرض هذا الكتاب لمفهوم الإدارة والعملية الإدارية بشكل عام ومفهوم وطبيعة إدارة المعرفة بشكل خاص وكيف تعمل هذه الإدارة وما هو مجال عملها وما علاقتها بعالم الأرقام والحاسوب والإنترنت من أجل معالجة البيانات والمعلومات والأرقام بما يخدم المؤسسة ويحقق لها أهدافها سواء كانت أهداف عامة لخدمة الجمهور أو أهداف ربحية كما هو الحال في مشاريع القطاع الخاص.

سنتناول في حديثنا مفهوم وظيفة عمل إدارة المعرفة وأهميتها في هذا العصر عصر الانفجار المعلوماتي ووظائفها وطريقة عملها وعلاقتها بالحواسيب والإنترنت وتخزين وحفظ واسترجاع المعلومات حتى يتسنى للقارئ التعرف على هذا الموضوع الجديد في حقل الإدارة وعالم الإدارة الجديدة والحديثة والمتطورة.

الكاتب

الفصل الأول

طبيعة ومفهوم العملية الإدارية

الفصل الأول

طبيعة ومفهوم العملية الإدارية

تقوم العملية الإدارية على مجموعة من الخصائص والعناصر والوظائف المتشابكة مع بعضها البعض لتكون معا ما يسمى بالعملية الإدارية فأي مشروع أو منظمة إنما يكون على رأس كيانه عملية هامة هي العملية الإدارية والتي تدور كما تدور العجلة وتضم مجموعة من العناصر والوظائف وهي التخطيط والتنظيم والتوجيه والرقابة. ويشمل كل عنصر أو وظيفة من هذه الوظائف وظائف فرعية تكمل العملية الإدارية وهناك من يرتب العملية الآداب بالتخطيط أولاً وبالتنظيم ثانياً، وبالتوجيه ثالثا، وبالرقابة رابعاً وهناك من يضيف إلى التوجيه وظيفة اسمها التنسيق بينما يرى البعض أنه لا يجوز لنا أن نعتبر أن العملية الإدارية تبدأ بالتخطيط وتمر بالتنظيم، ومن ثم التوجيه (والتنسيق) لتصل إلى الرقابة بل إن العملية الإدارية في وظائفها الرئيسية ووظائفها الفرعية المنبثقة عن الوظائف الرئيسية يشبه عجلة تدور فيمكن أن يكون أولها التخطيط ولكن سرعان ما يصبح آخرها التخطيط أو أن أولها التنظيم وسرعان ما يصبح أخرها التنظيم وهذا ذلك لأنها عملية دائرية تشبه العجلة التي تدور وتدور معها الوظائف والعناصر والوظائف الرئيسية ويضعون لهذه الفلسفة في النظر إلى العملية الإدارية الشكل التالي الذي يبين دائرية عملية الإدارة على النحو التالي:

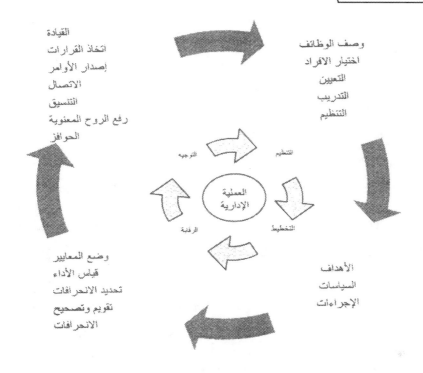

القيادة — وصف الوظائف

اتخاذ القرارات — اختيار الافراد

إصدار الأوامر — التعيين

الاتصال — التدريب

التنسيق — التنظيم

رفع الروح المعنوية

الحوافز

التوجيه — التنظيم

العملية الإدارية

الرقابة — التخطيط

وضع المعايير — الأهداف

قياس الأداء — السياسات

تحديد الانحرافات — الإجراءات

تقويم وتصحيح

الانحرافات

شكل عجلة العملية الإدارية

يبين العناصر والوظائف الأربعة والوظائف الفرعية التي تكونها وكيف أنها تدار كالعجلة حيث يمكن أن تبدأ من أي نقطة.

مفهوم الإدارة

الإدارة نشاط ذهني يقوم على التأليف بين عناصر العمل المختلفة وهي رأس المال والعمال وعناصر الإنتاج وعنصر التنظيم للوصول إلى الهدف المنشود بأقل جهد وأقل تكاليف وأحسن أداء وأكبر كفاية ممكنة.

ومن هنا تتفرع الإدارة إلى عدة أشكال وأنواع مثل: إدارة المبيعات-إدارة التسويق- إدارة المكاتب- إدارة الأفراد وهكذا.

والإدارة كموقع أو مكان هي المحل الذي يمارس فيه القادة أو المدراء أعمالهم.

والإدارة نوعان: الإدارة العامة التي تتعلق بمشروعات القطاع العام وإدارة الأعمال التي تهتم بالربح.

والمدير الناجح هو الذي يستطيع أن يحقق التوازن بين جميع المصالح من عمال ومساهمين ومالكين ومصالح حكومية من خلال عناصر الإدارة المختلفة وهي التخطيط والتنظيم والتوجيه والرقابة من خلال تحديد الأهداف والخطط وتنظيم العمل من خلال الهيكل التنظيمي ووضع الشخص المناسب في المكان المناسب، ويهمنا أن نخصص البحث عن إدارة التسويق والمبيعات التي تركز على تسويق السلعة والخدمة وبيعها وتحقيق أرباح بأقل التكاليف.

والهيكل التنظيمي هو الهيكل الذي يحدد مواقع الإدارة والوظائف المختلفة في شكل هرمي هو هرم المستويات الإدارية.

ويمكن تصور المستويات الإدارية في الشكل الهرمي التالي:

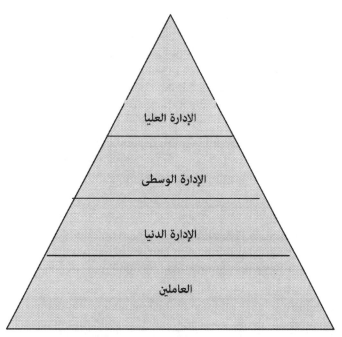

وصفة المدير الناجح تنطبق على كافة المدراء في قمة الهرم (الإدارة العليا) أو وسطه (الإدارة الوسطى) أو أسفل الهرم (الإدارة الدنيا) لأن لكل مدير دور في الهيكل التنظيمي للمؤسسة.

أما الشكل التنظيمي فهو يمثل المستويات الإدارية المختلفة ودوائر وأقسام المؤسسة كما يحدد خطوط السلطة ومواقع اتخاذ وتنفيذ القرارات الإدارية ويبين كيف يتم الاتصال بين المدراء بشكل عام وبين العاملين والمدراء.

أنظر الشكل التالي ويمثل نموذج هيكل تنظيمي لإحدى المؤسسات[1].

---

[1] الإدارة ، د. فيصل فخري مرار، الجامعة الأردنية، عمان، الأردن، ص 85، 1989.

رئيس مجلس الإدارة
المدير العام
المستشار القانوني
نائب المدير العام
مدير الإنتاج
مدير التسويق
المدير المالي
مدير المشتريات والمخازن
مدير الأفراد
المهندسين
الصيانة
بحوث السوق
المبيعات
المحاسبة
التأمين الصحي
المشتريات
المستودعات
شؤون الأفراد
الشؤون الإدارية

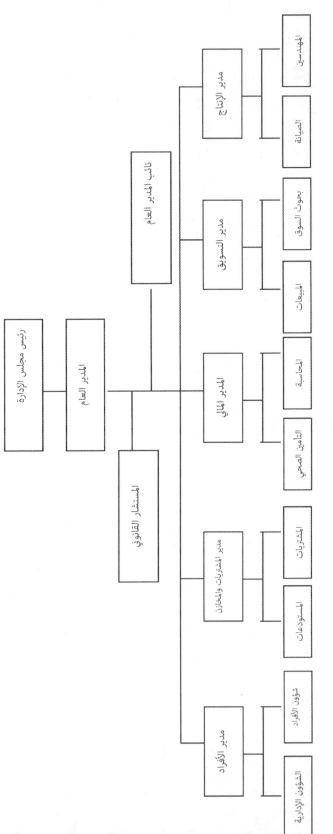

لا يكفي أن تكون ماهراً في تخصصك الفني لتكون مديراً ناجحاً. إن النشاط الإداري نشاط ذهني يختلف عن النشاطات الفنية زراعية كانت أم صناعية، عمليات بيع أم شراء، طب أم صيدلة...الخ. فتفوق شخص في أي نشاط من هذه الأنشطة الفنية لا يجعل منه بالضرورة إدارياً ناجحاً حتى في مجال تخصصه، فمن الأهمية بمكان توافر القدرة الإدارية بجانبة القدرة الفنية.

القدرة اللازمة للمديرين في مشروعات مختلفة الأحجام

	مشروع حكومي	مشروع كبير جداً	مشروع كبير	مشروع متوسط	مشروع صغير
قدرات إدارية	%85	%80	%70	%60	%50
قدرات فنية	%15	%20	%30	%40	%50

القدرة اللازمة للمديرين لمختلف الوظائف في مشروع كبير

	مدير عام	مدير دائرة	رئيس قسم	رئيس ورشة	مشرف	عامل
قدرات إدارية	%70	%60	%50	%40	%30	%10
قدرات فنية	%30	%40	%50	%60	%70	%90

من هذه الجداول يتبين لنا حجم القدرات اللازمة للمشاريع على أنواعها وللوظائف الإدارية على مستوياتها.

الفصل الثاني
المنظور الشامل والمتكامل للعملية الإدارية

الفصل الثاني
المنظور الشامل والمتكامل للعملية الإدارية

العملية الإدارية عملية شاملة ومتكاملة تجمع بين مجموعة من العناصر والوظائف المختلفة وهي التخطيط Planning والتنظيم Organizing والتوجيه Directing والرقابة Controlling ويرى البعض عنصر خامس وهو التنسيق Co-ordinating إلا أننا نرى أن التنسيق هومن ضمن العنصر الثالث للعملية الإدارية وهو التوجيه حيث أن التوجيه يقوم على التنسيق بين أفراد التنظيم وبيان كيفية إصدار الأوامر وخطوط الاتصال داخل المنشأة وبين المنشأة وخارجها وعملية اتخاذ القرارات وتدريب العاملين ولذلك فالعملية الإدارية عملية متناسقة تعمل كعجلة تدور لتشمل التخطيط والتنظيم والتوجيه والرقابة، ولا يمكن اعتبار أي من هذه العناصر أول أو آخر العملية الإدارية بل إنها تدور كما تدور العجلة وبالتالي ليس بالضرورة ترتيبها وفق ما ذكرنا. تلك هي العملية الإدارية.

أهمية الإدارة ودورها:

للمدرء تأثير هام في المنظمات أو المنشآت الحديثة حيث تجد أن مدراء المصانع يديرون عمليات الصناعة في حين أن مدراء المبيعات يشرفون على أعمال البيع والتسويق وبالتالي فإن المجتمع لا يمكن تصور وجوده بالشكل الذي هو عليه دون أن ن هناك مورد متدفق باستمرار من المديرين الذين يقومون بإدارة منظماته يقول بيتر دريكر

(Peter Drucker) [1] أن الإدارة الفعالة أصبحت وبسرعة العنصر الرئيسي في الدول النامية كما أصبحت العنصر الأكثر إلحاحاً في الدول المتقدمة. بالإضافة إلى كون الإدارة مهمة للمجتمع بشكل عام، فإنها حيوية وضرورية لعدد كبير من الأفراد الذين يعتمدون عليها في حياتهم. لقد دلت الإحصائيات في الولايات المتحدة الأمريكية أن الوظائف الإدارية قد ازدادت نسبتها من 10% إلى 18% تقريباً من حجم القوى العاملة منذ سنة 1950.

ويمكن القول كذلك أنه بالإضافة إلى فهم أهمية أن يكون الفرد مديراً والمزايا المتعددة على ذلك. فإن على المديرين المنتظرين أن يعرفوا ماذا تستلزم مهمة الإدارة.

إن دور المديرين الأساسي هو توجيه المنظمات نحو تحقيق أهدافها. إن جميع المنشآت يتم إنشاؤها من أجل غرض أو هدف وتقع على المديرين مسئولية تجميع واستعمال الموارد التنظيمية في المنظمة لضمان قيام المنظمات بتحقيق غرضها. تقوم الإدارة بتسيير المنظمات نحو أغراضها أو اهتمامها بتجديد النشاطات التي يقوم بها الأفراد بإنجازها إذا تم تصميم النشاطات بفعالية فإن إنتاج كل فرد عامل في المنظمة يمثل مساهمة في تحقيق الأهداف التنظيمية لها. تسعى الإدارة إلى تشجيع النشاط الفردي الذي يؤدي إلى الوصول للأهداف التنظيمية، كما لا تشجع النشاط الفردي الذي يعوق الهدف التنظيمي، ليس هناك أي فكرة مهما كانت أكثر أهمية للإدارة من الأهداف. إذ لا معنى للإدارة بعيداً عن أهدافها. إذ على الإدارة أن تحتفظ بالأهداف التنظيمية في ذاكرتها دائماً.

---

(1) Peter F. Drucker, "Management's New People". Harvard Business Review (November/ December 1969). P. 54.

فلسفة المنظمة الإدارية:

تقوم فلسفة المنظمة الإدارية على بناء أهداف تشبع حاجات الأفراد الذين أسسوا هذه المنظمة من طريق اختيار الأفراد العاملين وتعاونهم داخل المنظمة ومن هنا فإن لمنظمة الأعمال أهمية تتأتى مما يلي:

1- أنها ضرورية لبقاء الإنسان.

2- إنها ضرورية لقيام اقتصاد ثم مجتمع متطور.

3- أنها ضرورية لحماية المجتمع واقتصاده.

4- أنها ضرورية لبقاء الجماعات في العصر الحديث.

وتبدو فلسفة المنظمة الإدارية من أهمية وأهداف إدارة الأفراد أو إدارة الموارد البشرية حيث يمكن القول أنأفضل وسيلة لمعرفة أهداف إدارة الأفراد أو الموارد البشرية التعرف على واجباتها. حيث تتفاوت الواجبات والأهداف التي توضع لإدارة الموارد البشرية من منشأة إلى أخرى ومن مجتمع لآخر استناداً على مدى تفهم الإدارة لأهمية تنظيم العلاقة بينها وبين العاملين على أساس علمي وكذلك تتأثر بالفكر السياسي والاجتماعي للدولة.

لقد حدد أحد الكتاب[1] حدوداً وواجبات لإدارة الأفراد فخصّها في اختيار العاملين وإعدادهم وتنظيم ساعات عملهم وتنظيم أجورهم وتوفير الطمأنينة وأمكنة آمنة للعمل وتزويدهم بالمعلومات وتأمين مستقبلهم ومستقبل أسرهم وإعداد سجلات وبيانات عنهم والعمل على تحقيق روح التعاون بينهم وواجبات إدارة الأفراد تختلف

(1) إدارة الأفراد، د.عادل محمد عبيد، دار النهضة العربية، القاهرة، مصر، 1964، ص 141.

من مؤسسة لأخرى ومن دولة لأخرى طبقاً لطبيعة تلك المؤسسات وتطور التنظيم الاجتماعي ولهذا لا يمكن حصر واجبات إدارة الأفراد حصراً إلا في منظور تلك الاعتبارات.

ويحدد بعض الكتاب معالم عامة وحقول رئيسية لواجبات إدارة الأفراد مثل البروفوسور أدون فليبو Flippo-A[1]. فلإدارة الأفراد أو الموارد البشرية واجبين رئيسيين هما:

1- واجب إداري.

2- واجب متخصص.

وهي تشترك مع بقية الإدارات في المنظمة بالواجبات الإدارية وهي:

- التخطيط Planning.
- التنظيم Organizing.
- التوجيه Directing.
- الرقابة Controlling.

هذه هي الواجبات الإدارية لإدارة الأفراد وهي لا تختلف في ممارستها لها عن أية إدارة متخصصة أخرى كالمالية والمبيعات والإنتاج وغيرها من إدارات المنظمة الواحدة.

أما واجبها المتخصص فيبدو فيما يلي:

1- واجبات تهيئة القوى العاملة Procurment: من اختيار وتعيين وتدريب قبل العمل.

(1) Flippo-A Principles of Personnel N.Y. McGraw-Hill Book Inc

2- واجبات تطوير القوى العاملة Development، أي تطوير القوى العاملة لزيادة مهاراتها ومداركها عن طريق التدريب المستمر.

3- واجب مكافأة القوى العاملة Compensation: ويتضمن كيفية تقييم الوظائف وإنجاز العاملين والترفيع والنقل والانضباط.

4- واجب إدامة القوى العاملة Maintenance: أي توفير شروط عمل حسنة وروح معنوية عالية بين العاملين لاستمرار عملهم.

بالإضافة إلى ما تقدم فإن هناك أهداف لإدارة الأفراد مبنية على فلسفتها وفلسفة المنظمة. هذه الأهداف منها:

- ما يتعلق بالمجتمع.

- ما يتعلق بالعاملين.

- ما يتعلق بالمنظمة نفسها.

أما ما يتعلق بالمجتمع [1] فيمكن تحديد الأهداف التالية:

1- المحافظة على التوازن بين الأعمال وشاغليها.

2- مساعدة الأفراد في إيجاد أحسن الاعمال وأكثرها إنتاجية وربحية بالنسبة لهم.

3- تمكين الأفراد من بذل أقصى طاقاتهم وتوفير مقابل لهذا البذل.

4- توفير الحماية والمحافظة على قوة العمل وتجنب الاستخدام غير السليم للأفراد.

---

[1] إدارة الأفراد والعلاقات الإنسانية، د. صلاح الدين الشنواني، دار الجامعات المصرية، القاهرة، مصر، 1970، ص 11.

5- توفير جو من العمل تسوده حرية الحركة والتعبير بعيداً عن الإكراه واعمل على تحقيق رفاهية الأفراد.

أما فيما يتعلق بالعاملين فيمكن تحديد الأهداف التالية:

1- إتاحة فرص التقدم والترقي للأفراد عندما يصبحون مؤهلين لذلك.

2- توفير سياسات موضوعية تمنع الإسراف والتبذير في الطاقات البشرية وتتحاشى الاستخدام غير الإنساني للقوى العاملة. وتتفادى الاستخدام الذي يعرض الفرد للمخاطر غير الضرورية.

أما فيما يتعلق بأهداف المنظمة فيمكن تحديد أهداف إدارة الأفراد بما يلي:

1- الحصول على الأفراد الأكفياء عن طريق تحديد المؤهلات ومواصفات الأعمال والاختيار والتعيين بأسلوب علمي مدروس.

2- الاستفادة القصوى من الجهود البشرية عن طريق تدريبها وتطويرها وإتاحة الفرصة لتمكينها من الحصول على المعرفة والخبرة والمهارة.

3- المحافظة على استمرار رغبة العاملين في العمل، واندماجهم فيه وخلق التعاون المشترك بين بعضهم البعض وبينهم وبي الإدارة وبالتالي لا بد من استخدام نظم اجور ومكافآت وحوافز فعّالة ومدروسة وهادفة.

ويمكن إجمال الوظائف الفرعية الرئيسية لإدارة الموارد البشرية والتي تعطيها أهميتها وتبين فلسفتها وفلسفة المنظمة، هذه الوظائف الفرعية يمكن إجمالها فيما يلي:

1- تهيئة قوة العمل: أي التأكد من توفر العاملين الذين تحتاجهم المنظمة بالأعداد والمؤهلات والشروط المناسبة.

2- مكافئة وتعويض العاملين وتحفيزهم ليقوموا بتأدية المدهود المطلوب منهم.

3- الحفاظ على العاملين وحمايتهم من الأخطار والأمراض وإدامة علاقتهم بالمنظمة.
4- تطوير وتدريب العاملين ليكونوا مؤهلين لأداء المهام المسندة إليهم.
5- خلق الولاء والالتزام لديهم تجاه المنظمة وأهدافها وفلسفتها.
6- الاحتفاظ بمعلومات عنهم وإدارةشؤون عملهم وارتباطهم بها.

وظائف الإدارة (عناصرها): Management Functions (Elements)[1]:

يمكن تحديد وظائف الإدارة أو عناصرها أي النشاطات التي تشكل عملية الإدارة (The Management Process) إلى أربعة وهي التخطيط والتنظيم والتوجيه والرقابة وتقدم فيما يلي عن كل من هذه الوظائف الأربعة:

التخطيط (Planning)

ويشمل اختيار المهام الواجب إنجازها من أجل تحقيق الأهداف التنظيمية وتحديد كيف يجب إنجازها ومتى يجب إنجازها حيث أن نشاط التخطيط يركز على تحقيق الأهداف. فيقوم المدراء ومن خلال خططهم بتجديد ما يجب عمله من أجل نجاح المنظمة وما هي السياسات الممكن أن تتبع وما هي الإجراءات اللازمة لتنفيذ الأهداف والسياسات.

إن المدراء يهتمون بنجاح المنظمات سواء في المدى القصير أو المدى الطويل

(1) الإدارة الحديثة، مصطفى نجيب شاويش، دار الفرقان، عمان، الأردن، 1993، ص 31.

التنظيم Organizing

يتم هنا تحديد الموظفين اللازمين لإشغال الوظائف المطلوبة ويتم تصميم الهيكل التنظيمي، فالتنظيم عبارة عن تعيين المهام التي سبق وتم تحديدها في عملية التخطيط للأفراد أو المجموعات المختلفة في المنشأة، فالتنظيم يوفر الآلية (Machanism) لوضع الخطط موضع التنفيذ.

يقوم المنظم هنا بتحديد واجبات كل عامل وموظف ومدير في المنشأة من أجل المساهمة في تحقيق الأهداف ويتم تنظيم المهمات بحيث يساهم ناتج الأفراد في نجاح الأقسام. والتي بدورها تساهم في نجاح الإدارات ومن ثم المساعدة او المساهمة في نجاح المنظمة ككل.

التوجيه Directing

ويعتبر التوجيه ومن ضمنه التنسيق (Co-Ordinating) من الوظائف الأساسية في العملية الإدارية وهذه الوظيفة تشتمل على الحوافز والقيادة والاتصال وتهتم بشكل أساس بالأفراد داخل المنشأة.

ويعرّف التوجيه بأنه عملية إرشاد نشاطات أفراد ا لمنظمة في الاتجاهات المناسبة. إن الاتجاه المناسب هو أي اتجاه يساعد المنظمة للتحرك نحو تحقيق ال÷دف. إذ أن الهدف النهائي للتوجيه هو زيادة الإنتاجية (Peoductivity).

الرقابة (Controlling)

والرقابة وهي الوظيفة الإدارية الرابعة كما ذكرنا يقوم المدراء بواسطتها بما يلي:

- جمع المعلومات التي تقيس الإنجاز الحالي للعاملين والموظفين.

- مقارنة ما تم إنجازه بالمعايير التي تم وضعها في التخطيط وفي تحديد المهام أثناء التنظيم.

- تحديد فيما إذا كان هناك انحرافات بين التنفيذ والتخطيط من أجل تقويم هذا الانحراف الذي يكون إيجابياً أي زيادة عن الأهداف المقررة أو سلبياً أي أقل من المطلوب.

وكما وسبق وأن ذكرنا أن وظائف الإدارة الأربع تدور كعجلة حيث لا يمكن اعتبار أي عنصر أو وظيفة هو أولها أو آخرها بل أن هناك تكامل بين هذه الوظائف ويمكن توضيح ذلك من الشكل التالي:

(شكل يبين العلاقات المتبادلة لوظائف الإدارة الأربع لتحقيق أهداف المنظمة)

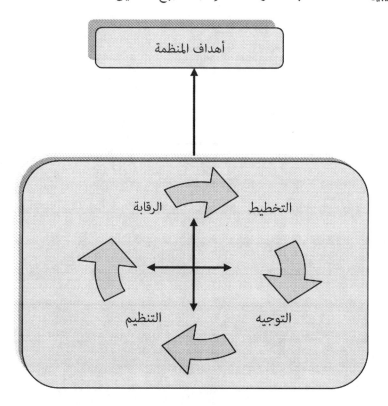

أهداف المنظمة

الرقابة   التخطيط

التنظيم   التوجيه

وما دمنا قد تحدثنا عن وظائف الإدارة الأربع وذكرنا أنهما أشبه بعجلة تدور ووفرنا شكل بذلك وشكل آخر على تكامل الوظائف الإدارية نود هنا أن نبين كيف يتم بناء التنظيم في المؤسسة وذلك برسم المستويات الإدارية ورسم هيكل تنظيمي مفترض.

شكل المستويات الإدارية

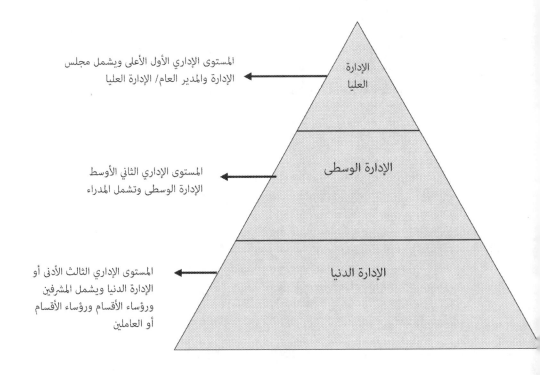

الإدارة
العليا
المستوى الإداري الأول الأعلى ويشمل مجلس
الإدارة والمدير العام/ الإدارة العليا
الإدارة الوسطى
المستوى الإداري الثاني الأوسط
الإدارة الوسطى وتشمل المدراء
الإدارة الدنيا
المستوى الإداري الثالث الأدنى أو
الإدارة الدنيا ويشمل المشرفين
ورؤساء الأقسام ورؤساء الأقسام
أو العاملين

نموذج هيكل تنظيمي مفترض

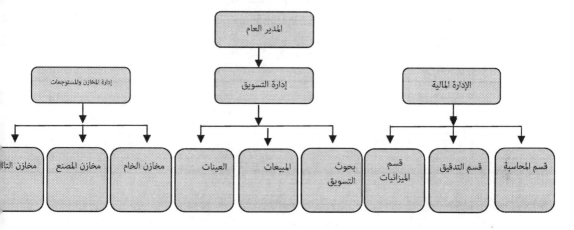

الفعالية الإدارية

عندما يستخدم المدراء مواردهم يجب أن يكونوا فعالين وأكفياء في ذلك. وتعرف الفعالية الإدارية من وجهة نظر استعمال الموارد بمقدار تحقيق هدف المنظمة. ويجب أن تراعي الإدارة دائماً مركز المنظمة ومواردها وهذه الموارد أربعة أنواع هي:

- الموارد البشرية.
- رأس المال.
- المواد الخام.
- الآلات والمعدات.

وفيما يلي شكل يوضح كيفية تحويل موارد المنظمة إلى منتجات نهائية من خلال عملية الإنتاج.

إدارة المعلومات والمعرفة

موارد المنظمة	العملية الإنتاجية	منتجات نهائية
- موارد بشرية		سلع وخدمات
- رأس المال	المدخلات	المخرجات
- مواد خام		
- آلات ومعدات		

الكفاية الإدارية:

وتعرف بأنها النسبة من موارد المنظمة البشرية والمادية التي تساهم في الإنتاجية أثناء عملية التصنيع فكلما كانت هذه النسبة عالية كلما كان المدير أكثر كفاية. وهذا ينطبق أيضا على الإدارة العامة والإدارة الوسطى أي المدراء ورؤساء الأقسام والإدارة الدنيا أي المشرفين والعاملين أنفسهم.

ولا بد من توافر ما يسمى بمهارات الإدارة.

فموضوع موارد المنظمة لن تكون كاملة وذات معنى دون الإشارة إلى مهارات الإدارة. فالنجاح الإداري يعتمد بالدرجة الأولى على الأداء أكثر منه على الصفات الشخصية للمدير وهناك ثلاثة أنواع من المهارات الإدارية ضرورية لنجاح أداء الإدارة وهي:

1- مهارات فنية Technical skills.

2- مهارات إنسانية Human Skills.

3- مهارات فكرية Conceptual skills.

أما المهارات الفنية: فتشمل استعمال معارف متخصصة وخبرة في تنفيذ الأعمال مثل الهندسة وبرمجة الحاسوب والمحاسبة.

أما المهارات الإنسانية: فيشمل المقدرة على التعاون ضمن الفريق كما أنها تتعلق بموضوع الاتصال والعمل مع الآخرين.

أما المهارات الفكرية: فتشمل القدرة على رؤية المنظمة ككل فالمدير الذي لديه مهارات فكرية يكون قادراً على فهم كيف تعمل وظائف الإدارة المختلفة بعضها البعض وكيف ترتبط المنظمة ببيئتها وكيف يؤثر التغيير أو التحول في أحد أجزاء لمنظمة على بقية المنظمة.

عمومية الإدارة:

إن مبادئ الإدارة عامة وشاملة بمعنى أنها تطبق في جميع المنظمات سواء أكانت منظمات أعمال أم مؤسسات حكومية أم مستشفيات أم جميعات وما إلى ذلك. وفي جميع المستويات الإدارية العليا والوسطى والدنيا لكن من الطبيعي أن تختلف وظائف المديرين بعض الشيء في كل من هذه المنظمات بسبب أن كل منظمة تتطلب استعمال معرفة متخصصة. كما أن كل منها توجد ضمن ظروف عملية وسياسية معينة كما تستعمل تكنولوجيا مختلفة.

لقد ذكر عالم الإدارة الفرنسي هنري فايول (Henri Fayol) أن جميع المديرين يجب أن يمتلكوا صفات معينة مثل الصفات الجسدية الجيدة، والصفات العقلية وغيرها. وقد ميّز البعض بين عمومية الإدارة وشموليتها، فعمومية الإدارة تعني أن المدير الكفؤ يمكنه إدارة أي نشاط من نشاطات المنظمة المختلفة فمدير الإنتاج يمكن أن يكون مديراً

ناجحاً للإدارية المالية أو إدارة الأفراد وكذلك يمكنه إدارة أي منظمة بغض النظر عن طبيعة عملها.

بينما يقصد بشمولية الإدارة:

أن الإداري يقوم بجميع وظائف الإدارة من عمليات تخطيط وتنظيم وتوجيه وتنسيق ورقابة بغض النظر عن المستوى الإداري في الإدارة إن كانت عليا أو وسطى أو دنيا وأياً كان موقع المدير في هذه المستويات.

والسؤال الذي يطرح نفسه:

هل الإدارة علم أم هي فن أم هي مهنة والجواب هو أن الإدارة علم وفن ومهنة.

فالإدارة علم لأن لها قوانين ثابتة وهي علم من العلوم الاجتماعية تقوم على الاستقراء والاستنتاج. كما أنها فن لأنها تعني فن المدير في استخدام العلم الإداري في موقف معين للحصول على أفضل النتائج، كما أنها فن لأن استخدام العلم الإداري يتوقف على كفاءة وخبرة المدير وفن لأنها تتطلب مهارات فنية ومواهب شخصية للمدير.

والإدارة مهنة: فالمهنة عبارة عن سلسلة مدركة ومتعاقبة من مواقف وسلوكيات الفرد. وقد اقترنت هذه المواقف والسلوكيات مع إنجاز العمل باستعمال خبرات ذات علاقة والقيام بنشاطات تكون قد تجمعت خلال الحياة العملية للفرد.

فالإدارة علم وفن معاً ولكنها مع التطور والتكوين والخبرات تصبح أيضا مهنة لها قواعدها وخبراتها.

علاقة الإدارة بالعلوم الأخرى:

حيث أن الإدارة علم وأحد فروع العلوم الاجتماعية فإنها ترتبط بكثير من العلوم الاجتماعية والإنسانية مثل علم الاجتماع فنقول علم الاجتماع الإداري أو علم النفس فنقول علم النفس الإداري كما أنها ترتبط بالهندسة والاقتصاد والمحاسبة وعلوم كثيرة متعددة ويمكن أن نوجز هذه العلاقة كما يلي:

علاقة الإدارة بعلم الاقتصاد Management and Economic

يعرف علم الاقتصاد بأنه دراسة للنشاط الإنساني في المجتمع من وجهة نظر الحصول على الأموال والخدمات بهدف إشباع الحاجات المختلفة، ويبحث كذلك في حسن استغلال الموارد الطبيعية والبشرية المحدودة بأعلى درجة من الكفاية لإشباع الحاجات الإنسانية المتزايدة والعلاقة بين الإدارة والاقتصاد تظهر في ضرورة أن يكون المدير ذا عقلية اقتصادية حتى يمكنه عند قيامه بتوجيه جهود من يعملون معه أن يأخذ في اعتباره الدوافع الاقتصادية التي تحرك جهودهم من أجور وحوافز ومزايا مادية ورعاية صحية، كذلك المشكلات الاقتصادية المطلوب منه حلها سواء تلك الخاصة بالإنتاج والحجم الاقتصادي للإنتاج ومواضيع التسعير وتوفير رأس المال للإنتاج.

علاقة الإدارة بعلم النفس Management and psychology

يعرف علم النفس بأنه العلم الذي يبحث دوافع السلوك ومظاهر الحياة العقلية الشعورية منها واللاشعورية أي أنه يدرس السلوك الإنساني ويستخدم الأساليب العلمية في دراسة نواحي نشاط الفرد واتجاهاته الذهنية والتوصل إلى أفضل الطرق

لتحقيق الرضا والرخاء له. وبالتالي فإن العلاقة واضحة بين علم النفس والإدارة كونهما يتعاملان مع الإنسان ففي حين أن علم النفس يدرس الفرد واتجاهاته وسلوكه فإن الإدارة تعمل من خلال الفرد أو الجماعة وحتى يستطيع المدير تشجيع العاملين فإنه يستعين بنظريات وأبحاث علم النفس عن الأفراد واتجاهاتهم وميولهم وخصوصاً استخدام الحوافز في العمل ونجد هناك أيضا علم النفس الصناعي في تداخل بين الإدارة الصناعية وعلم النفس.

العلاقة بين الإدارة وعلم الاجتماع Management and sociology

يهتم علم الاجتماع بداسة الجماعات من حيث نشأتها وتطورها وتكوينها والعلاقات التي تنشأ بينها. والنظم الاقتصادية والعائلية ورسائل تقدم هذه الجماعات ونجاحها.

وبالتالي جاءت العلاقة بين الإدارة وعلم الاجتماع من حيث أن مجال اهتام علم الاجتماع بالسكان تهم القائمين بإدارة المنظمات والمشروعات، حيث تعتبر الأساس الأول لدراسة الأسواق القائمة والأسواق المحمتملة لتصريف السلع وخصائص هذه الأسواق كما أن تركيب السكان والمجتمعات ودرجة التعليم والمركز الاجتماعي والقدرة الشرائية ودوافع الشراء تهم علم الاجتماع وتهم علم الإدارة وأيضا في نفس الوقت وهذه الاهتمامات التي يبحثها علم الاجتماع تساعد ردل الأدوار، أو مدراء المنظمات المختلفة على أنواعها ومستوياتها في تحديد ما يمكن أن يقوم بتصريفه في السوق، وخصائص هذه الأسواق ومدى النجاح الذي يتوقعه لإدارته فيها.

العلاقة بين الإدارة والعلوم الطبيعية والرياضية

Management and Natural sciences

يقصد بالعلوم الطبيعية والرياضية علم الفيزياء والكيمياء والأحياء والفلك والإحصاء والرياضيات وتبدو العلاقة بين الإدارة وهذه العلوم من خلال ظهور ما يسمى علم بحوث العمليات (Operation research) وهو علم رياضي فيزيائي اقتصادي، استفادت الإدارة من تطبيقاته.

كذلك فإن المدراء في المنظمات المختلفة على أنواعها ومستوياتها يقومون باستخدام علم الإحصاء ونظرية الاحتمالات والمعادلات والنماذج الرياضية للتوصل إلى قرارات رشيدة غالباً ما يتم اتخاذها في ظل ظروف تتسم بعدم التأكد بسبب نقص المعلومات والبيانات اللازمة لذلك.

كما أن للإدارة دور في مساعدة المدراء في مجال الإعلان التجاري من ناحية سلوك المستهلكين ودوافعهم النفسية ولها دور في التنمية الاقتصادية والاجتماعية والبيئية.

الفصل الثالث

طبيعة ومفهوم إدارة المعرفة

الفصل الثالث

طبيعة ومفهوم إدارة المعرفة

إن التقدم العلمي الذي شهده النصف الثاني من القرن العشرين والتوسع والتطور في التكنولوجيا وأدواتها أبرز لرجال الأعمال وأصحاب المصالح أهمية المعلومات والمعارف كموارد أساسية لأية منشأة مهما كبر أو صغر حجمها وأنها موارد منفصلة عن الإنسان بل أحياناً أنها أكثر قيمة من الموارد الأخرى، مما أدى إلى الإدراك بأن الاهتمام بهذه الموارد يشكل مسؤولية أساسية للمنشأة.

مفهوم إدارة المعرفة [1]:

تحتاج كل منظمة الاهتمام بالمعرفة والمعلومات التي تلزمها للعمل وإلى إدارة المعارف Knowledge management. فعندما يقرر عدد من الأشخاص تأسيس مؤسسة أو منشأة أو منظمة ما فإن عليهم تحديد قائمة بالمعارف التي تحتاجها تلك المؤسسة أو المنظمة لتعمل. وتحاول كل منشأة أو مؤسسة تحديد هذه المعلومات والمعارف ومصادر الحصول عليها وخصائصها الرئيسية وكيفية تطويرها.

فإدارة المعرفة إذن هي الإدارة التي تهتم بتحديد المعلومات والمعارف اللازمة للمنشأة والحصول عليها من مصادرها وحفظها وتخزينها وتطويرها وزيادتها.

ويهتم علماء الإدارة بهذه المعارف في موضوعين:

---

[1] الأعمال، د. سعيد نايف برنوطي، دار وائل، 2001، عمان، الأردن، ص 239.

الأول ما يسمونه: بالتكنولوجيا المنظمية Orginizational technology والتي هي المعارف التي تنعكس على شكل وتصميم المنظمة.

الثاني: وهو البحث والتطوير Research and development وهو الجهد الموجه لتطوير هذه المعارف خاصة المعارف الضرورية للإنتاج. إن المعارف التي تنعكس على شكل وتصميم المنظمة هي التي تؤثر على دوائرها ومهام العاملين وطريقة عملهم. فمن يريد إنتاج سلعة يلزمه أن يتعرف على المعلومات اللازمة لإنتاج هذه السلعة وخصائص المعارف ومصادر الحصول عليها.

عناصر نجاح مشروع إدارة المعرفة:

(Knowledge management project success factors

في حالة تصميم وتهيئة مشروع من أجل القيام بإدارة المعرفة أي الحصول على المعلومات والبيانات وحفظها وتخزينها وتحديثها وتطويرها واستخدامها من أجل تحقيق أهداف المنظمة، فلا بد لهذا المشروع من النجاح الذي يعني نجاح إجارة المعرفة في عملها وأساليبها. وحتى ينجح مشروع إدارة المعرفة فلا بد من مراعاة عوامل تقود إلى نجاح إدارة المعرفة في المنظمة أو المؤسسة، وقد قام العالم (Davenport) بتحديد مجموعة من العوامل التي يمكن أن تقود إلى نجاح مشروع إدارة المعرفة ورأى أنها ضرورية لهذا النجاح ويجب الأخذ بها، وهذه العوامل هي:

1- **التركيز على قيم المنشأة وأهميتها وضمان الدعم المالي من الإدارة العليا:**

فلا بد إذن من المحافظة على قيم المنشأة من تخطيط وتنظيم وأدوات ومعدات وقوى بشرية ورأسمال فكري وبيان أهميتها للمنشأة وبالتالي قيام الإدارة العليا في المنشأة في ضمان الدعم المالي والتدفق المالي اللازم للمحافظة على قيم وأصول وأفكار وممتلكات المنشأة من أجل بقاءها ونموها وتطورها للمشاركة في نجاح إدارة المعرفة.

2- **توفر قاعدة تقنية وتنظيمية يمكن البناء عليها:**

فإن نجاح أي مشروع لإدارة المعرفة لا بد من أن يشيد على قاعدة بيانات ومعلومات متطورة، حيث أن هذه القاعدة التقنية تعتبر ضرورية في تزويد وتبادل المعلومات خلال التنظيم الذي يقود عمل المنظمة أو المنشأة بحيث يمكن استخدام هذه القاعدة في البناء عليها ما يلزم من خطط وأهداف وطرق تنفيذ ورقابة على التنفيذ ضماناً لنجاح المشروع وإدارته وضماناً للاستفادة من البيانات أفضل استفادة ممكنة، وبالتالي ضماناً لنجاح إدارة المعرفة ومن ثم نجاح المنظمة.

3- **وجود هيكل معرفة قياسي مرن قادر على مواكبة طريقة إنجاز الأعمال بالمؤسسة واستخدام المعرفة المتوفرة**

فلا بد من هيكلة البيانات والمعلومات والإحصاءات والأرقام بطريقة تمكن من معرفة مدى استخدامها ومتى وكيف يمكن أن تستخدم وبطريقة صحيحة وملائمة وأن تكون مرنة بحيث يمكن إعادة هيكلتها لتواكب التطوير والتحديث من أجل خدمة أهداف المنظمة أو المنشأة وإدخال أي تعديلات أو تجديدات في المعلومات والبيانات

والأرقام حتى تتمكن إدارة المعرفة من وضع هذه البيانات والعلومات في خدمة وتحسين أداء المنظمة.

4-تبني ثقافة الصداقة المعرفية التي تقوم لدعم الاستخدام المتبادل للمعرفة

فالمعرفة حتى تخدم المنظمة وتساعد على نجاح إدارة المعرفة والجماعات والمنظمات، فتبادل المعلومات والبيانات أي تبادل المعرفة إنما يثري إدارة المعرفة ويزيد من قدرتها على التخطيط والتنظيم واستخدام المعلومات في تحسين أداء العاملين وتحسين العمل والوصول إلى الأهداف المنشودة بدقة وبسرعة قياسية.

5-تبني غاية واضحة ولغة مفهومة لدفع المستخدم للمعرفة للاستفادة القصوى من النظام المعرفي

فعند وضع قاعدة البيانات والمعلومات أي حصيلة المعرفة يجب أن يتم وضعها بطريقة تلائم المستخدم للمعرفة من المسئولية أو العاملين في المنشأة أو المنظمة. فكلما كانت هناك غاية واضحة ولغة مفهومة وسهلة وبسيطة يمكن أن تساعد المستخدم. كلما أمكن للمستخدم للمعرفة من الحصول على المعلومات بأكبر قدر ممكن من الفائدة من النظام المعرفي الموضوع وكذلك في استخدامه في تحقيق أهداف المنظمة المرجوة.

6-تبني عملية تغيير في أساليب وطرق التحفيز لخلق ثقافة المشاركة المعرفية وإشاعتها في المنشأة،

فلا بد للقائمين على مشروع إدارة المعرفة وحتى ينجح المشروع وتنجح إدارة المعرفة في أداء عملها لا بد من تبني عملية تغيير في أساليب وطرق التحفيز للعاملين

والإداريين والقائمين على المعلومات والبيانات والمعرفة فتحفيز العاملين يساعد على التعاون والتشارك في خلق ثقافة معرفية قائمة على المشاركة وتبادل المعلومات وبالتالي إشاعة هذه المعلومات والبيانات والمعرفة في المنشأة للاستفادة منها الفائدة القصوى.

7-ضمان تعدد القنوات المعرفية

لتسهيل عملية نقل المعرفة كون الأفراد العاملين لهم طرق مختلفة لتنفيذ الأعمال والتعبير عن أنفسهم. فالعاملين يحصلون على المعرفة من بيانات ومعلومات للسير قدماً في عملهم نحو تحقيق الأهداف المطلوب للمنظمة. ولكي تنجح إدارة المعرفة لا بد من ضمان أن تكون هناك أكثر من قناة اتصال للحصول على المعرفة بحيث يتم الحصول على المعرفة بسهولة ويتم نقلها وتداولها وتبادل المعلومات داخل الأقسام والوحدات الإدارية. فسهولة الاتصال وتعدد قنوات الاتصال تسهل عملية الحصول على المعرفة ونقلها واستخدامها لنجاح المعرفة.

8-تطوير مستوى عمليات المعالجة في المنشأة بما يمكن من تحسين طرق إدارة الأعمال لضمان التطوير.

فالمنشأة أو المنظمة بحاجة إلى تخطيط ورسم أهداف وسياسات وإجراءات وبحاجة إلى تنظيم ووضع الأشخاص المؤهلين في أماكنهم المناسبة والتنفيذ بحاجة إلى توجيه وتنسيق وإصدار الأوامر ووحدة القيادة وكل ذلك بحاجة إلى اتخاذ قرارات ورقابة على تنفيذ القرارات وقياس مستوى الأداء وتحديد الانحراف على ضوء المعايير القياسية الموضوعة. ومن أجل ضمان تنفيذ العمل وأداء إدارة الأعمال دورها بأحسن وأيسر السبل وتطوير العمل الإداري وتحسين أساليب العمل وطرق الإدارة فلا بد من

تطوير مستوى عمليات المعالجة في المنشأة المتعلقة بالتخطيط والتنظيم والتوجيه والتنسيق والرقابة من أجل ضمانة حسن الأداء والوصول إلى الأهداف بتكاليف أقل وأداء أحسن. وإذا تم تنفيذ ذلك وأخذه في الحسبان والاعتبار يكون هذا العنصر الهام من عناصر نجاح مشروع إدارة المعرفة قد تحقق.

9-تبني طرق تحفيزية غير ادية مثل المكافآت والتمييز لمن يتميز في الأداء

وذلك يدفع العاملين في المنظمة للمساهمة في خلق واستخدام المعرفة المتوفةر، فكلما تم تحفيز العاملين بحوافز مختلفة مادية مثل المكافآت ومعنوية مثل الترقيات كلما دفعهم إلى التميز في الأداء وإلى محاولة الاستفادة من المعرفة المتوفرة بأقصى درجة ممكنة إضافة إلى خلق معرفة جديدة من بيانات ومعلومات تشكل في مجموعها قاعدة بيانات مفيدة لنجاح إدارة الأعمال في المنظمة ونجاح إدارة المعرفة.

10-دعم الإدارة العليا التام

وهذه مسألة أساسية لإقامة المشروع وتوفير الموارد اللازمة لذلك وتحديد أنواع المعرفة ذات الأهمية لنجاح المؤسسة. فلا يمكن تصور نجاح إدارة المشروع بدون نداح إدارة المعرفة ولا يمكن تصور نجاحهما وانعكاس هذا النجاح على المنشأة بدون الدعم التام والكامل للإدارة العليا من أموال وكوادر بشرية وآلات ومعدات وتكنولوجيا حديثة ونظام تكنولوجيا معلومات متطور ومتقدم يمد العاملين بكافة المعلومات والمعارف الضرورية لتسيير العمل وتحقيق التعاون وصولاً لأهداف المنشأة.

المعارف التي تحتاج إليها المنظمة:

تحتاج كل منظمة أعمال إلى معارف حول الكثير من القضايا منها:

1- معارف حول العمليات الفنية الخاصة للإنتاج، أي تحويل المدخلات إلى مخرجات.

2- معارف حول المواد الأولية: أي التي تستخدمها وكيفية التعامل معها.

3- معلومات حول الطلب على المنتوج أو السلعة والذي هو ضروري للتخطيط للإنتاج.

هذه هي المعارف الأساسية لتصميم أية منظمة ولتحديد نوع العاملين ومؤهلاتهم ونوع العمل الذي يقومون به وصلاحياتهم ومدى الحرية التي تمنح لهم للعم. وتقتضي إدارة المعرفة حصر هذه المعارف بدقة وعدم إهمال معارف مهمة.

حالة المعارف وأثرها على تصميم المنظمة:

إذا ما حصرت المنظمة المعارف التي تحتاج إليها عليها أن تحدد أين تتوفر ومدى توفرها. وهذا يتأثر بمدى اكتمالها ونضجها أي إلى أي حد هذه المعارف ناضجة ،'إلى أي حد منتشرة وتتوفر بسهولة فهذا يؤثر على شكل المنظمة وطريقة تقسيم العمل فيها، فقد تكون هذه المعارف كاملة ومتاحة لكثيرين أي أن هناك أعداد كبيرة من الأشخاص الذي يملكون هذه المعارف وبمستوى عال جداً. مثل هذا الوضع يجعل بإمكان المنظمة أن تحصل بسهولة على من يملك هذه المعارف بل يمكنها أن تحدد بدقة واجبات العاملين.

إن شكل المنظمة وطريقة تقسيم الأعمال فيها سيختلف إذا كانت المعارف حديثة غير منتشرة عنها لو كانت معروفة ومنتشرة.

ولهذا تشكل حالة المعارف بعد مهم لإدارتها.

مصادر الحصول على المعارف والمعلومات:

يمكن تحديد مصادر الحصول على المعارف والمعلومات كما يلي:

1-الكتب والوثائق المدونة:

فالكثير من المعارف موجود في كتب ووثائق والكثير جداً متاح للجميع وهذا يجعل بالإمكان الحصول عليها من خلال دراستها.

2-الإنسان:

ويعتبر المصدر الآخر المهم للمعارف خاصة الحديثة والجديدة والمحدودة هو دماغ أو عقل مجموعة من الأشخاص يملكون هذه المعارف وبالتالي فقد يكون الإنسان المصدر الأهم للمعارف الحديثة.

3-الأجهزة والأدوات والمنتجات:

إن أي جهاز ومنتج هو وسيلة لتجسيد وحفظ أو خزن كمية هائلة من المعارف. إن الأجهزة والأدوات تدلل على نضج هائل في المعرفة فحتى يستطيع الإنسان تصنيع آلة ما يحتاج إلى كمية هائلة من المعارف. كما يضمن توفيرها لآخرين بمعارف وقدرات محدودة للاستفادة منها. ويمكن لأية منظمة أن تحصل على المعارف التي تحتاجها باقتناء الأجهزة والأدوات المتاحة والتي قد تكون بديلاً عن الوثائق المكتوبة وعن الإنسان أي أن تحديد المصادر التي ستعتمد لاقتناء المعارف يمثل بعداً مهماً لإدارتها.

وعليه فإن إدارة المعرفة تأخذ في الاعتبار أن هذه بعض الأبعاد المهمة للمعرفة، بحيث تحتاج كل منظمة أعمال أن تحصر المعارف التي تحتاجها وتحدد مدى اكتمالها ونضجها وانتشارها، وتحدد مصادر الحصول عليها. ثم تحدد كيف تحسن حالتها في المنظمة فمثلا، إذا كانت تعتمد كثيراً على الإنسان لكون حالة المعرفة ناقصة، يمكنها أن تستثمر في البحث والتطوير لإنضاجها.

كما عليها أن تتباع التغيرات العالمية لتحسين مصادرها في اقتناء المعارف.

فإدارة المعرفة تستخدم كافة الوسائل المتاحة للحصول على البيانات والمعلومات وحفظها وخزنها واسترجاعها وتطويرها لتعلم في خدمة المنظمة وتحقيق أهدافها.

الفصل الرابع

الإنترنت والمكتبات والفهرسة
والأرشفة
في إدارة المعلومات

الفصل الرابع
الإنترنت والمكتبات والفهرسة والأرشفة
في إدارة المعلومات

مع ظهور الإنترنت كان أمناء المكتبات في أوروبا وأمريكا هم أول من اعتنق الإنترنت. لكي يتصفحوا شبكة الوب وإرشاد الرواد إلى الفهارس الإلكترونية والتقليدية، وقد سهلت الوب مهمة العثور على الكتب وغيرها من المواد الأخرى داخل المكتبة. والواقع أنه من الأفضل بدء عملية البحث بالمكتبة من المنزل أمام جهاز الكمبيوتر حيث يوفر ذلك لوقت من أكثر من ناحية[1].

أما أنواع المكتبات التي يمكن البحث في كتبها وفهارسها من خلال الإنترنت فهي:

1- المكتبات العامة: وتكون إما مكتبات محلية أو إقليمية.

2- المكتبات الجامعية: وهي تخدم طلبة الجامعة والمجتمع البحثي.

3- المكتبات الخاصة ومكتبة الشركات: وهي تخدم الشركات التجارية والصناعية وتضم غالباً مجموعات متخصصة قد تهم أي باحث.

4- المكتبات الحكومية: وتنحصر وظيفتها في خدمة الشركات التجارية والصناعية وتضم غالباً مجموعات متخصصة قد تهم أي باحث.

---

[1] الدليل المبتكر للبحث عبر الإنترنت، روبين رولاند، ترجمة بهاء شاهين، مجموعة النيل العربية، القاهرة، مصر، ص 272.

5- المكتبات الوطنية: وتعتبر مركز معلومات للمكتبات في أي دولة. حيث يتقرر من خلالها نظام فهرسة المعلومات في كافة المكتبات. فالمكتبات البريطانية والكونجرس وكندا وأستراليا تحصل على نسختين من أي كتاب يتم نشره هناك، وربما من الكتب التي تنشر في دول أخرى وتعتبر مصدراً للكتب النادرة .

وعن الفهرسة والتصنيف فتستخدم معظم المدارس والمكتبات العامة في أمريكا الشمالية تصنيف ديوي العشري الذي ابتكره ميلفيل ديوي Melvil Dewey عام 1876 والذي يقسم فيه المعرفة الإنسانية إلى عشرة أقسام يمثل كل مها بعدد رئيسي مكون من ثلاثة أرقام ثم رقم عشري للأقسام الفرعية على النحو التالي:

000 المعارف العامة

100 الفلسفة وعلم النفس

200 الديانات

300 العلوم الاجتماعية

400 اللغات

500 العلوم الطبيعية والرياضيات

600 التكنولوجيا والعلوم التطبيقية

700 الفنون

800 الآداب والشعر

900 الجغرافيا والتاريخ

ويستخدم نظام مكتبة الكونجرس الحروف ثم الأرقام والحروف لتصنيف الأقسام الفرعية:

A الأعمال العامة

B الفلسفة علم النفس والديانات

C علوم التاريخ المساعدة

D التاريخ: التاريخ العام وتاريخ العالم القديم

E التاريخ: أمريكا

F التاريخ: أمريكا

G الجغرافيا والانثروبولوجيا والترفيه

H العلوم الاجتماعية

J العلوم السياسية

K القانون

L التعليم

M الموسيقى والكتب الموسيقية

N الفنون الرفيعة

P اللغات والآداب

Q العلوم

R الطب

S الزراعة

T التكنولوجيا

U العلوم العسكرية

V العلوم البحرية

Zعلم المكتبات

ولو أخذنا مثالاً على طريقة فهرسة مكتبة الكونجرس الأمريكية لكتاب بعنوان "المخبر السري" للمؤلف جيمس دوبرو نجد أن عملية التصنيف والفهرةس ستمر كما يلي كنشاط من نشاطات إدارة المعرفة:

المؤلف: دوبرو، جيمس Dubro, James.

العنوان: المخبر السري: قضايا العميل السري الذي يعمل في إدارة الشرطة الكندية.

الملكية: جيمس دوبرو وروبن لاند.

الناشر: ماركام، أونثاريو، ont أكتوبر 1991.

التوصيف: 314p; (12)p. of plates; ill. ; 24 cm.

رقم تصنيف الكونجرس: HV 7911.236D93 1991

رقم تصنيف ديوي: 363/32B20

الترقيم الدولي للكتاب: 0409905399

ملاحظات: يضم الكتاب مراجع ببلوجرافية (ص298-300() وفهرس الموضوعات: زينيث فرانك، 1890-1971.

سيرة ذاتية من شرطة كندا الملكية الراكبة.

العمليات السرية في تاريخ كندا.

مؤلف آخر: رولاند، روبين ف. Rowland, Robin F.

رقم الفحص: 1573322

ملاحظات حول التصنيف:

أما رقم تصنيف الكونجرس وهو HV 7911.236D93 1991

فكون الكتاب مدرج ضمن العلوم الاجتماعية، ويوصف الحرفان HV علم الأمراض الاجتماعية. الرفاهية الاجتماعية والعامة علم الإجرام، والأرقام 7551-8280.6 تشمل الشرطة المحققون، شرطة منطقة، يتعلق بكتاب عن ضابط سري.

أما رقم تصنيف ديوي وهو 363.2/32B20 مما يدرجه ضمن القسم العام 363:خدمات ومشكلات اجتماعية أخرى.

أما عن السجلات الأرشيفية:

في التاسع والعشرين من أيلول عام 2008 تناقلت وكالة أنباء الأسوشيتدبرس خبر لم يكن أحد يريد سماعه وهو "كيف قتل الجنود الأمريكيون في الأيام الأولى من الحرب الكورية مئات من المدنيين العزل تحت جسر للسكك الحديدية في منطقة ريفية بكوريا الجنوبية". ونقلت الوكالة عن أحد الجنود قوله "لقد أبدناهم جميعاً فقط". وبعد ساعات قليلة من شيوع الخبر أصدر الرئيس بيل كلنتون أوامره بإجراء تحقيق وكذلك فعلت الحكومة الكورية.

ولقد قام التحقيق بدراسة أرشيف الحرب والمعلومات والمعرفة المتوفرة وسجلات المدنيين والجنود. فهكذا إذن فإن السجلات الموجودة في أماكن آمنة ومحفوظة تعتبر أرشيفاً حاضراً للمستقبل لأي بحث أو دراسة أو تحقيق،كانت الأرشفة سابقاً يدوية ومع تطور التكنولوجيا أصبح للإنترنت والكمبيوتر وغيره من الأجهزة وراً هاماً في حفظ السجلات الأرشيفية. وفي مسألة كوريا وقتل المدنيين على أيدي الجنود فسواء

أكان الأمر يتعلق بجنود يقاتلون دفاعاً عن حياتهم في كوريا أو عن شاب يصاب بالإحباط ببيروقراطية حكومته فإن الوثائق الأرشيفية تعد نافذة جيدة نطل منها على الماضي وكثيرا من أحداث الحرب بين الفلسطينيين واليهود قبل عام 1948 ضاعت وظل الأرشيف فقد في أذهان الناس ومن هنا تبدو أهمية الأرشفة والتعامل ع الوثائق أمراً هاماً وجزءاً من أجزاء نشاط إدارة المعرفة حيث توجد كل أنواع السجلات الأرشيفية العامة والخاصة التي تضم وثائق وتسجيلات لشرائط الكاسيت والفيديو والصور. ومادة المصدر الأصلي بكل أنواعها تفصح عادة عن أهم المعلومات التي يمكن أن يجدها كل من يجري بحثاً متعمقاً. وحينما تبحث عن وثائق، كما هو الحال بالنسبة لأي مشروع آخر، فكلما كانت لديك معلومات كافية، كلما تمكنت من طرح أسئلة جيدة وأنت تفتح الصناديق التي يحضرها لك أمين الأرشيف. وإذا قمت بالبحث بطريقة سطحية وعلى استعجال فقط عندها قد لا تلحظ اسم ملف رئيسي قد يمثل بعد ذلك أهمية بالغة. ويطلق الباحثون والصحفيون على هذه المرحلة تعبير "إجراء حوار مع الوثيقة". بمعنى أنك تتطلع دائماً إلى الوثيقة وتسأل (نفسك) نفس الأسئلة التي كنت ستسألها لإنسان تجري معه مقابلة وجهاً لوجه فهذه الوثائق كتبها على أية حال أشخاص وهي تعبر أحياناً عن نقاط الضعف والتحيز والأخطاء التي يرتكبها البشر. وبرغم أن الوثائق الرسمية يمكن وينبغي أن يستشهد بها باعتبارها مصادر موثوق بها، إلا أنه يتعين التحقق من المعلومات الواردة فيها دائماً من خلال مقارنتها إن أمكن بمعلومات من وثائق أخرى وأشخاص لديهم معرفة بموضوع البحث .

إن أي أرشيف حكومي يؤدي وظيفتين، الأولى: أن يكون سجلاً للحكومة نفسها وحمفظ ملايين الوثائق التي تستجد في كل إدارة حكومية كل عام. وتنقل المواد

عادة إلى السجلات الأرشيفية بعد مرور فترة زمنية معينة. أما الوظيفة الثانية: فهي توفير هذه المواد والوثائق للجهود لأغراض البحث وحفظ المادة التاريخية بحيث تتمكن الأجيال القادمة من الاستفادة منها. ومجرد وجود هذه السجلات في الأرشيف لا يعني أنك تستطيع الحصول عليها على الفور. وكقاعدة عامة تعتبر معظم المعلومات الحكومية الفدرالية في كندا وأمريكا محظورة أو سرية إلى أن يمر عليها ثلاثين عاما. ولقد أدى انتشار شبكة الوب ونموها المتسارع إلى ظهور أدوات المساعدة الإلكترونية. ويشير الباحثون مع ذلك إلى أن بعض السجلات الأرشيفية تفتقر إلى وجود أدوات مساعدة إلكترونية متصلة متكاملة بسبب ضخامة حجم السجلات. ويعد مكتب السجلات العامة البريطاني أكثر السجلات الوطنية تقدماً. إذ ينطوي فهرسة الإلكتروني المتصل على مستوى رائع من التفاصيل ويعرض للمتعاملين معه فكرة جيدة عن محتوياته ويطلق على أداة المساعدة الإلكترونية الخاصة بالأرشيف الوطني الأمريكي اسم مؤشر معلومات الأرشيف الوطني.وتضاف مواد إلى قوائمه على نحو مستمر وتعرف أداة المساعدة الإلكترونية الكندية بـ "أركيفانث Archivanet". وما تزال أدوات المساعدة تضاف باضطراد للأرشيف الكندي أيضا. ويحتوي الأرشيف الوطني الأسترالي على فهرس شامل إلكتروني متصل. ويوجد في مكتبة الكونجرس نسخة إلكترونية متصل من فهرس الاتحاد الوطني للمخطوطات وكذلك الحال في الهيئة البريطانية.

الفصل الخامس
إدارة المعلومات

الفصل الخامس

إدارة المعلومات

- مفهوم وتعريف المعلومات وإدارة المعلومات

من المعروف أن إدارة المعلومات لها أهميتها الكبرى خصوصاً مع تصاعد الثورة التكنولوجية وثورة الاتصالات بإدارة المعلومات هي الإدارة التي تقوم على جمع المعلومات والبيانات وحفظها وتخزينها واسترجاعها وتطويرها لخدمة أهداف المنظمة.

أما المعلومات Information فيمكن تعريفها بكونها "بيانات ذات معنى" والبيان "Data" هو أي شيء يمكن أن يعطي معنى. فممكن أن تكون كل الأرقام وملامح الوجه والألوان والأحداث والكلمات بيانات لأنها إذا عولجت بطريقة معينة يمكن أن نعطيها معنى كما أن الأخبار والأحداث والرموز والأصوات هي أيضا بيانات لأنها تعطينا معنى إذا عولجت بطريقة معينة. وهذا هو المقصود عند تعريف المعلومات بكونها "بيانات ذات معنى" أو "بيانات تمت معالجتها لتعطي معنى".

والبيانات لازمة وضرورية للإدارة في عملية اتخاذ أو صنع القرارات. وكلما كانت المنظمة أكبر حجماً كلما كان عدد القرارات التي تتخذ فيها يومياً أكبر وكانت بحاجة إلى معلومات أكثر تفصيلاً ونضجاً ودقة. فالبيانات المتعددة والمفصلة والواضحة والدقيقة ضرورية للإدارة لاتخاذ القرارات وهي مهمة إدارة المعرفة وإدارة المعلومات في جمع البيانات الصحيحة والدقيقة والهائلة من مصادرها ومعالجتها لاتخاذ القرارات.

إن بالإمكان أن يقوم كل متخذ قرار بتوفير المعلومات التي يحتاجها بنفسه وأن قيام كل شخص بجمع البيانات التي يحتاجها واتخاذ القرار الذي يحتاج اتخاذه يسمح بتمشية الأمور إلا أنه لا يضمن القرارات الأفضل وهذا لا يسمح للمنظمة في هذا العصر بأن تنمو وتنجح فالمفروض أن تقوم المنظمة بانتقاء البيانات لتضمن الكفاءة واتخاذ القرار الأفضل.

ومن الجدير بالقول بأنه لا يمكن لأي متخذ للقرار أن يتخذ القرار السليم بدون أن تتوافر له المعلومات الضرورية لذلك. وكلما انتقلنا إلى الإدارة الأعلى أي المدير العام وأعضاء ورئيس مجلس الإدارة ومن في حكمهم وإلى القرارات الأهم والأكثر تعقيدا، كلما كانت كمية المعلومات المطلوبة وأهميتها أكبر.

في السابق وحالياً في المنظمات البسيطة ذات الممارسات البدائية يترك توفير المعلومات للموظف فهو يحصل على المعلومات التي يحتاجها لأداء عمله.

أما الآن وبسبب تعدد المعلومات الضرورية للعمل، أصبح من الضروري أن تكون المسؤولية عن المعلومات وظيفة مستقلة ومتخصصة وهذا يتطلب أن تهتم منظمة الأعمال بها لتضمن توفر المعلومات إلى من يحتاجها وعندما يحتاجها وبالشكل المناسب وبسبب توفر تكنولوجيا معقدة لتوفيرها أصبحت وظيفة إدارة المعلومات تتطلب متخصصين ودوائر متخصصة.

وظائف إدارة المعلومات:

تهتم إدارة المعلومات بكل مما يلي:

1- تحديد المعلومات المختلفة التي يحتاجها متخذو القرارات لأداء عملهم لضمان توفيرها لهم.

2- وضع أنظمة تضمن وصول المعلومات إلى من يحتاجونها عند الحاجة وبالشكل المناسب.

3- مراقبة حالة المعلومات والتأكد من كفايتها وسلامتها.

4- التطوير المستمر لأنظمة المعلومات.

وبناء على هذه المهام سنتحدث فيما يلي عن:

- المعلومات التي تحتاجها منظمة الأعمال.

- وضع أنظمة معلومات.

- مراقبة كفاية وسلامة المعلومات.

- تطوير أنظمة المعلومات.

المعلومات التي تحتاجها منظمة الأعمال:

تحتاج منظمة الأعمال إلى معلومات تتعلق بكل واحدة من وظائف المنظمة الأساسية بفروعها، أي أنها تحتاج إلى معلومات للعمليات والإنتاج والتسويق والأفراد والأموال والإدارة. كما تحتاج إلى معلومات عن حالة مواردها المختلفة أي عن العاملين والأموال والمواد والتجهيزات والمباني وإلى معلومات من أنظمة العمل، وعن السوق ومكانتها وسمعتها فيه كما تحتاج إلى معلومات خارجية عن البيئة المحيطة بالعمل وفرص العمل والمنافسة وحصتها في السوق وما إلى ذلك. كما أنها قد تكون ملزمة قانوناً بالاحتفاظ ببعض هذه المعلومات بشكل دقيق فمثلاً وحتى تحدد مبلغ الضريبة

المستحقة عليها بشكل سليم تلزمها القوانين الضريبية بأن تحتفظ بمعلومات دقيقة عن وضعها المالي وعن حساباتها وقد تلزمها قوانين العمل الاحتفاظ بمعلومات معينة عن العاملين تتعلق بأجورهم وأعمارهم وسنوات خدمتهم وغيرها من معلومات ضرورية لتنفيذ قوانين العمل والضمان الاجتماعي وهذا أيضا ينطبق على ما تطلبه وزارات ودوائر أخرى من المنظمة مثل وزارة المالية ووزارة الصحة ووزارة التخطيط وغيرها. وحتى يتم توفير هذه المعلومات بالشكل الوافي تحتاج المنظمة أن تحدد جهة ما تكون مسؤولة عن هذه المسألة المهمة أي أن تقيم إدارة ودائرة للمعلومات. هذه الإدارة تكلف موظفين معينين ليقوموا بحصر المعلومات التي يحتاجها كل متخذ قرار ومتى يحتاجها وبأي صيغة ثم نضمن توفيرها لهم بالشكل والوقت المناسب.

أنظمة المعلومات

تقوم إدارة المعلومات بتوفير المعلومات للمنظمة وتزودها بها عند الضرورة وهي بذلك أي إدارة المعلومات تقوم بإعداد أنظمة للتأكد من توفر المعلومات بطريقة روتينية، تلك هي أنظمة المعلومات والمقصود بالنظام system: هو ترتيبات رسمية ثابتة تنفذ بشكل روتيني بحيث يكون هناك تحديد للبيانات التي يتم جمعها ومواعيدها وطرق معالجتها والجهات التي توزع إليها وبحيث يستلم متخذ القرار المعلومات التي يحتاجها في الوقت المناسب لحاجتها. فمثلاً تعتبر السجلات المحاسبية والإجراءات المحاسبية الثابتة نظاماً للمعلومات المحاسبية وهي "نظام" لأن عملية التسجيل تتم بطرق ومواعيد ثابتة على الرغم من أن ذلك لم يتم بقصد وضع نظام للمعلومات المحاسبية. كما يمكن اعتبار سجلات العاملين نظاماً بدائياً للمعلومات إذا كانت تعد بطريقة

موحدة وثابتة. ويمكن لمنظمة أن تتخذ قرار لتصميم نظاماً للمعلومات المحاسبية أو التسويقية وغيرها وفي هذه الحالة تبدأ بتحديد البيانات التي يتم جمعها، ثمن تنفذ هذا النظام بشكل منتظم وهكذا فإن دور إدارة المعلومات تصمم نظم معلومات للإدارة بشكل عام وتحتاج منظمات الأعمال المعاصرة عدداً من انظمة المعلومات مثل نظاماً خاصاً بالمعلومات المحاسبةي ونظاماً خاصاً بالعاملين، ونظاماً خاصاً بالإنتاج إذا كانت صناعية ونظاماً للمعلومات الإدارية وإذا كانت المنظمة كبيرة فهي تحتاج إلى تعد لكل وظيفة عدداً من الأنظمة فمثلاً بالنسبة لوظيفة العمليات قد تحتاج نظاماً للإنتاج وآخر للمخازن وثالث للمشتريات ورابعاً للنوعية وهكذا ومن مجموعة أنظمة المعلومات التي تحتاجها منظمة الأعمال المعاصرة هو نظام المعلومات الإدارية management information system. فنظام المعلومات الإدارية هو نظام لمساعدة الإدارة في أداء مهمتها واتخاذ القرارات الإدارية مثل قرارات التوسع أو التخطيط أو التنظيم أو التنسيق أو الرقابة الإدارية وأساليبها ومعالجة نتائجها.

ومن الجدير بالذكر أن إعداد المنظمة لنظم المعلومات يعني الاستعانة بمختصين لتصميم النظام ومتى ما أعد فهو يتطلب موظفين متفرغين لتنفيذه. وإعداد وتنفيذ الأنظمة هو أساس مسؤوليات إدارة المعلومات ويبدأ تصميم النظام بتحديد البيانات التي يحتاجها متخذو القرارات وكيفية معالجتها لتصبح ذات معنى لهم. ويجب أن يحدد نظام المعلومات كيف وأين يتم حفظ ومعالجة هذه البيانات فقد تحفظ في سجلات أو بطاقات كما بالنسبة للأنظمة البسيطة البدائية أو قد تحفظ حاسوبياً أي في ملف في الكمبيوتر، حيث أصبحت الأنظمة ا لمحوسبة حاجة أساسية للمنظمات المعاصرة كما يجب أن يحدد نظام المعلومات كمية البيانات التي تم جمعها ومعالجتها وهذه قدتنحصر

بالحدود الدنيا المطلوبة أي بما تفرضه الدولة فقط أو أنه يضيف معلومات أخرى تزيد عن الحدود الدنيا المطلوبة كما تحتاج المنظمات المعاصرة جانب آخر مهم في إعداد أي نظام للمعلومات هو تحديد علاقته بالأنظمة الأخرى. فقد تكون الأنظمة منفلة عن بعضها البعض أو قد تكون الأنظمة متكاملة ومترابطة. إنه من المفيد أن تكون كل أنظمة المعلومات للمنظمة متكاملة بحيث يكون للمنظمة نظاماً واحداً للمعلومات يتضمن أنظمة فرعية لكل من العمليات والإنتاج والتسويق والحسابات والعاملين والموارد البشرية والإدارة.

إن إعداد النظام الواحد المتكامل يتطلب مستلزمات عديدة جداً لذلك غالباً ما تبدأ إدارة المعلومات بأنظمة منصلة ثم تقوم تدريجياً بربط توحيد هذه الأنظمة ببعضها البعض لتحقيق بعض المتاكل فيها. لقد أصبح بإمكان المنظمات الكبيرة التي اهتمت بإدارة المعلومات بإعداد نظاماً متكاملاً لكل المعلومات التي تحتاجها، يحث تتكامل الأنظمة الفرعية فيما بينها وتحتاج إدارة المعلومات إلى أن تهتم بكفاية المعلومات التي تتوفر لمتخذي القرار، إن وجود أنظمة معلومات متطورة يساعد على تحقيق ذلك بشكل سليم إلا أن الاهتمام بهذا الجانب مهم خاصة بالنسبة للأعمال الصغيرة حيث ما زالت الأعمال لا تملك العدد الكافي من أنظمة المعلومات بل إنها وحتى عندما تدخل نظاما معين قد لا يتقن متخذو القرار استخدامه.

ويمكن الحكم على المعلومات في منظمة ما في ضوء حالة المعلومات التي يستخدمها صانعو القرار: فهنالك خصائص معينة يجب أن تتوفر في المعلومة حتى نحكم عليها أنها سليمة والخصائص الهامة التي يؤكد عليها المعنيون هي:

- التوفر: أي أن تتوفر فعلاً لمتخذ القرار.

- الملاءمة: أي أن تكون المعلومة بشكل ملائم لحاجة متخذ القرار.

- النوعية: أي أن تكون خالية من الأخطاء والعيوب.

- الكمية: بحيث تكون مناسبة لاتخاذ القرار السريع لا أقل ولا أكثر من الحاجة.

- السهولة: أي تتوفر بشكل طبيعي بدون جهد كبير للحصول عليها.

- التوقيت: أي تتوفر في الوقت المناسب لحاجتها لاتخاذ القرار.

ويمكن الحكم أيضا على حالة المعلومات في منظمة ما من خلال دراسة المراحل المختلفة التي يتم فيها جمع واستخدام المعلومات فلا بد من أن تهتم المنظمة بالمراحل التالية:

1- جمع البيانات بشكل منتظم.

2- تدقيق البيانات للتأكد من كفايتها ودقتها.

3- معالجة البيانات وتحويلها إلى معلومات نافعة لصنع القرار.

4- توزيع وتوجيه المعلومات إلى من يحتاجها في اتخاذ القرار.

5- استخدام المعلومات فعلاً في اتخاذ القرارات.

6- خزن المعلومات واستردادها عند تكرار الحاجة إليها.

تطوير أنظمة المعلومات:

إن ثورة المعلومات والتكنولوجيا جعلت عملية تطوير أنظمة المعلومات عملةي مستمرة بحيث يتوجب على المنظمة أن تتابع التطورات وتستفيد منها بالتطوير المستمر لأنظمتها وتشمل مسؤوليات تطوير أنظمة المعلومات ما يلي:

أ. تطوير الأنظمة القائمة: من خلال تحسين نوعية المعلومات ومراحل جمعها وجعل الأنظمة توفر كل المعلومات لمتخذي القرارات وجعل الأنظمة متكاملة.

ب. تصميم أنظمة جديدة: فقد تحتاج إدارة المعلومات أن تضيف معلومات لمعالجة قضايا معقدة. فهنالك باستمرار أنظمة ضرورية وأساسية تضاف للمساعدة في اتخاذ القرارات منها:

1- أنظمة دعم القرارات Decision support system

2- أنظمة الخبراء experts systems.

- أما أنظمة دعم القرارات فهي غالباً أنظمة ممحوسبة تضع قواعد لمساعدة متخذ القرار خاصة في اتخاذ قرارات مهمة ومعقدة ومتكررة.
- أما أنظمة الخبراء فهي أنظمة لتكوين خبراء ولكن هؤلاء الخبراء هم نظاماً محوسباً وليس إنساناً يصنفها المختصون بالحاسوب بأنظمة ذكاء اصطناعي من أمثلة هذه الأنظمة ما يستخدمها حالياً الأطباء في تشخيص الحالات المرضية بمجرد تزويدها بمعلومات تطلبها.

مصطلحات علمية في مجال إدارة المعرفة والمعلومات[1]:

إدارة المعارف	Knowledge management
بيان	Datum
بيانات	Data

(1) الأعمال، د. سعاد نايف برنوطي، دار وائل، 2001، عمان، الأردن.

Knowledge	معرفة
Information	معلومات
System	نظام
Expert system	نظام خبير
Decision support system	نظام دعم القرارات
Management information system	نظام معلومات إدارية
Accounting information system	نظام معلومات محاسبية

الفصل السادس
نظم المعلومات الإدارية

Management Information System

الفصل السادس

نظم المعلومات الإدارية

Management Information System

نظام المعلومات الإداري:

يحتاج المدراء في عملية اتخاذهم للقرارات إلى بيانات ومعلومات داخلية وخارجية تتعلق بأداء المؤسسة[1].

إن توضيح فكرة أنظمة المعلومات الإدارية يستدعي توضيح لمفهومي البيانات والمعلومات (Data and information).

يقصد بالبيانات كل المعطيات غير المنظمة كالنتائج الإحصائية ونتائج الاستطلاعات والتنبؤات المجمعة من المصادر المختلفة داخلية كانت أم خارجية. ويقصد بالمعلومات البيانات بعد معالجتها وتجهيزها لتكون مناسبة لخدمة أغراض قرار المدير. فالبيانات هي معلومات غير معرفة والمعلومات هي البيانات بعد تعريفها، أما النظام فهو مجموعة من الأجزاء المرتبطة ببعضها والتي تعمل في مجموعها كوحدة واحدة بهدف خدمة غرض أو أغراض محددة.

ونظام المعلومات الإداري هو عبارة عن مجموعة الأجزاء المختلفة كالمعدات الحاسوبية والبرمجيات والمؤسسة والموظفين والمعلومات التي تعمل سوية في تناغم تام

---

[1] أساسيات في الإدارة، د. سليمان اللوزي وآخرين، دار الفكر، عمان، الأردن، 1998، ص 326.

داخل الإطار المؤسسي لخدمة أغراض النشاط أو اتخاذ القرار. ويقوم نظام المعلومات الإداري بتجميع وتنظيم وتخزين واختزال البيانات والمعلومات وتبويبها وترتيبها وتلخيصها وإصدار التقارير الداخلية والخارجية اليومية والأسبوعية والسنوية حسب الطلب. ويعمل كل مستوى إداري في تكوين الهرم الإداري للمعلومات ابتداء من الإدارة العليا إلى الإدارة الوسطى إلى الإدارة الدنيا التشغيلية. وبالتالي تيكون هرم المعلومات لأغراض الإدارة:

أنظر الشكل التالي:

هرم المعلومات لأغراض الإدارة

معلومات التخطيط الاستراتيجي

معلومات الرقابة الإدارية

معلومات الإدارية التشغيلية

المراسلات التجارية
حسابات الدائنين والمدينين
جدولة الإنتاج
الرواتب
ضبط المخزون
عمليات البيع

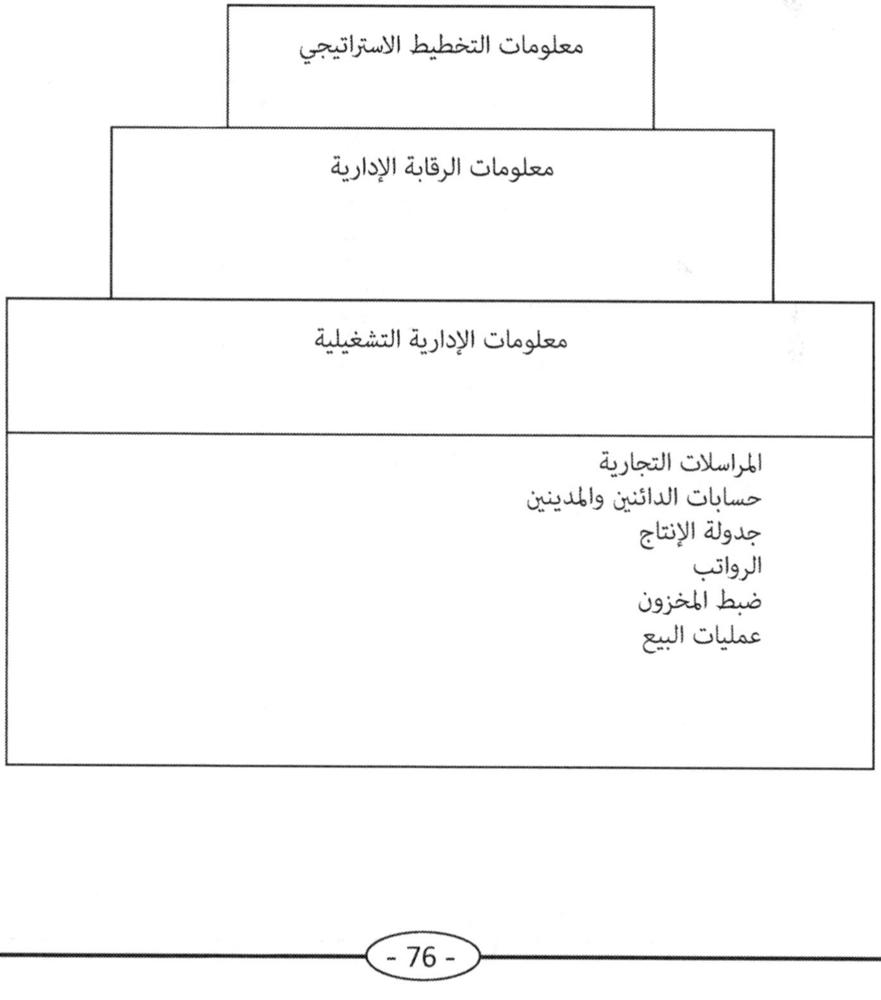

والإدارة العليا: كرئيس المؤسسة ومالكيها ورئيس مجلس الإدارة ونوابه يقومون بمسؤوليات هائلة تجاه المؤسسة حيث يقومون باتخاذ قرارات ذات قيمة استراتيجية على مستوى المؤسسة وبعيدة لمدى ولذا فهم يحتاجون إلى نظام معلومات إداري يزودهم بمعلومات مجمعة عن أداء المؤسسة ككل.

أما الإدارة المتوسطة: كمدير المصنع ومدير الفرع والمدير الإقليمي ومدير الدائرة فإنهم يقومون باتخاذ قراراتهم في إطار أضيق من إطار القرارات الاستراتيجية، فهم يتخذون قرارات تكتيكية أي متوسطة المدى كمعالجة الأمور المتعلقة بشراء الآلات للمصنع وقرارات التوظيف والاستغناء عن خدمات العاملين وما إلى ذلك فهم يطلبون من نظام المعلومات الإداري معلومات مكيّفةحسب حاجاتهم وتمتاز بالدقة والشمولية وتعكس نطاق مسئولياتهم وصلاحياتهم.

أما الإدارة الدنيا أو المباشرة أو الإشرافية أو ما تسمى إدارة الخط الأول أو الأمامية كمشرف المصنع أو مدير المكتب وغيرهم من المدراء الذين على اتصال مباشر مع العمال والموظفين فإن ماهية قراراتهم تكون روتينية وواضحة وتكرارية وتقوم على خدمة هذه الرقابة المباشرة والجدولة وتنسيق الجهود العمالية في نطاق العمليات الإنتاجية والخدمة اليومية التشغيلية ولهذا فالمعلومات المطلوبة من نظام المعلومات الإدارية يجب أن تتصف بالتفصيل والمباشرة والتنوع والتخصصية.

إن من أهم صفات نظام المعلومات الإداري الناجح المرونة والطاقة الاستيعابية والسرعة والدقة والاعتمادية والشمولية والتكامل بين أجزاءه المختلفة. وفيما يلي شكل يوضح التسلسل المعلوماتي من وإلى المؤسسة لبناء النظام المعلوماتي الإداري:

شكل التسلسل المعلوماتي من وإلى المؤسسة

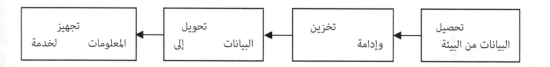

تجهيز المعلومات لخدمة	←	تحويل البيانات إلى	←	تخزين وإدامة	←	تحصيل البيانات من البيئة

كيف يعمل نظام المعلومات الإداري في المؤسسة:

من أهم مهام نظام المعلومات الإداري في المؤسسة جمع المعلومات وتخزينها وتحديثها وتحليلها واستنباط التقارير منها. ترد للمؤسسة البيانات بشكل رئيسي عن طريق النشاطات اليومية والآراء والمقترحات واللوائح والتنبؤات وغيرها من داخل وخارج المؤسسة على حد سواء.

إن المعلومات الداخلية تشمل القيود العملياتية اليومية والتقارير كتقارير الإنتاج والمخزون والبيع ومحاضر الاجتماعات والفواتير والإيصالات وما إلى ذلك وتشمل المعلومات الخارجية التقارير والنشرات المحلية كنشرات البنوك المركزية وتقارير البورصات المتعلقة بالأسهم والسندات والعملات. ومن المهم لأي نوع من هذه المعلومات أن يكون حديثاً وكاملاً وصحيحاً لأن المعلومات القديمة والناقصة يؤدي الاعتماد عليها إلى اتخاذ قرارات غير سليمة وقد تضر بالمؤسسة.

إن البيانات والمعلومات عندما ترد إلى نظام المعلومات الإداري تخزن على الحاسوب وطريقة التخزين التي توفرها قواعد البيانات (ملفات التخزين الحاسوبية المتكاملة) تحقق التخزين والاسترجاع السريعين والدقيقين مما يوفر الوقت والجهد ويحقق الدقة في التعامل مع المعلومات ثم عندما نستدعي الحاجة يقوم نظام المعلومات بتحليل ومعالجة هذه المعلَومات حسبما يطلب مستعمل المعلومات.

وتخرج من نظام المعلومات الإداري بشكل تقارير وملخصات وجداول مكيفة لكل مستخدم حسب رغبته وحاجته. فنظام المعلومات الإداري يوفر لمدير الإنتاج جداول العمال والآلات والمواد الخام. ويوفر لمدير التسويق إحصاءات بمناطق البيع وأداء رجال البيع، والمدير المالي يحصل على تقارير حول التدفقات المالية والسيولة. والمحاسب يحصل بشكل آني على قوائم مالية حسب الطلب ومحاسب التكاليف يتخذ من خلال نظام المعلومات الإداري قرارات أكثر دقة وموضوعية.

العمليات الحاسوبية لمعالجة البيانات:

معالجة البيانات هي عملية تحويل البيانات الخام إلى معلومات مفيدة للمستخدم.

وتتضمن معالجة البيانات تشكيلة من العمليات التالية التي توفرها الحواسيب:

1-الحساب calculating:

كالجمع والطرح والضرب والقسمة.

2-التصنيف والتبويب classigying:

وهو عبارة عن فصل الأنواع المختلفة من البيانات عن بعضها وتبويبها لخدمة اتخاذ القرارات.

3-الاتصال communication:

وهو نقل البيانات لداخل أو خارج المؤسسة عن طريق التلفون أو الفاكس أو التلكس والاتصالات الحاسوبية.

1-النسخ والاعتدال Duplicating and copying:

وهو الطباعة والسحب على الورق أو إصدار نسخ إلكترونية معدة للانتقال من وقت لآخر.

1- التسجيل Recording and data entry:

وهو عملية تثبيت وتدوين المعلومات كما ترد إلى المؤسسة من العمليات الداخلية أو من الخارج.

2- عمل التقارير reporting:

وهي العملية التي يوفر نظام المعلومات الإداري من خلالها تقارير بشكل إلكتروني أو مطبوع للمدراء والمستخدمين مثل القوائم المحاسبية والمالية.

3- الاسترجاع retrieving:

وهي عملية تحصيل المعلومات من مواقع تخزينها بالسرعة والدقة المتناهية.

4- الترتيب sorting:

وهي عملية سرد المعلومات بناء على معيار ترتيبيمعين كالترتيب الأبجدي أو الرقمي أو التصاعدي أو التنازلي والترتيب المناسب يوفر الوقت والجهد.

5- **التخزين والأرشفة** sorting and archiving:

لا يحتاج متخذ القرارات المعلومات كلها في آن واحد. ولذلك لا بد من تخزينها لأغراض الاستخدام اللاحق في المستقبل فالنظام المعلوماتي يوفر طاقات تخزينية هائلة.

6-التلخيص summarizing:

وهو تكثيف وضغط كميات كبيرة من المعلومات لتصبح معلومات أقل حجماً.

قدرات الحاسوب في مجال الإدارة:

فيما يلي بعضاً من القدرات الحاسوبية المفعلة في مجال العمل الإداري:

1- معالجة الكلمات word processing: ومعالجة النصوص text processing:

تعتبر معالجة الكلمات بالحاسوب من أكثر تطبيقات الأعمال الإدارية شيوعاً. حيث أن قدرة الحاسوب في معالجة الكلمات والنصوص تفوق قدرة الآلة الطابعة من حيث المرونة في التحكم في حجم الحروف وأشكال الخطوط وحجم الصفحة.

2-معالجة البيانات أو الجداول الإلكترونية spread sheet:

معالجة البيانات عبارة عن صفحات إلكترونية مكونة من خلايا منطقية تظهر على شاشة الحاسوب تعتبر كل خلية منها خانة يمكن إدخال أرقام أو بيانات إليها بشكل جداول مكونة صفوف وأعمدة. ولهذه الجداول القدرة على إجراء العمليات الحسابية والجبرية المنطقية والهندسة والرياضية.

3-قواعد البيانات (Database)

تعتبر قواعد البيانات من أهم القدرات الحاسوبية المستخدمة في إدارة الأعمال.

وقواعد البيانات عبارة عن قدرة الحاسوب المتعلقة بكيفية تصميم وكيفية تخزين المعلومات والبيانات فيها في ملفات وتعريف العلاقة بين هذه الملفات من أجل زيادة القدرة الاسترجاعية والإدخالية السريعة للكميات الهائلة والمتنوعة من المعلومات والبيانات.

فمؤسسات اليوم تواجه كماً هائلاً من المعلومات والتي تحتاج إلى معالجة وتبويب وترتيب سريع بالإضافة إلى تحديث وإدامة مستمرة للمعلومات واسترجاعها بسرعة ودقة. والنظام الحاسوبي المسؤول عن قواعد البيانات في الحاسوب بيسمى نظزام إدارة قواعد البيانات (Database management systems DBMS)، هو عبارة عن مجموعة برامج توجه الحاسوب إلى تخزين المعلومات بطريقة سهلة يسهل معها عمليات التخزين والاسترجاع السريعين.

4-أنظمة مساعدات القرار (Decision support systems DSS's):

إن نظام مساعد القرار الإدارة عبارة عن برامج أو غلاف برمجي shells موجه لخدمة متخذي القرار في عمليات اتخاذ قراراتهم روتينية كانت أم استراتيجية. فالمدير عند الاستفسار عن حالة معينة يريد أن يحصل على جواب يسأل مساعد القرار مجموعة من الأسئلة ويكون جواب الحاسوب لهذه الأسئلة جاهز في زمن لحظي حتى لو كان عدد الأسئلة بالمئات وبالتالي يمكن أن تكون المعلومات التي استند إليها المدير في اتخاذ القرار أكثر حكمة وموضوعية وشمولية وتقسم نظم مساعدات القرار من الناحية التشريحية إلى ثلاثة أجزاء:

أ. قاعدة النماذج ويقصد بها نماذج اتخاذ القرار المختلفة رياضية كانت أم إحصائية أو تحليلية.

ب. قاعدة البيانات وهي الجزء الذي تخزن فيه المعلومات اللازمة لتحليل واتخاذ القرار.

ج. نظام المسائلة وهو الجزء من البرنامج الذي ينظم عملية الحوار بين متخذ القرار والحاسوب.

وهناك أغلفة برمجية (Shell programs) يمكن استخدامها لتصميم برامج مساعدات القرار مثل ميكروسوفت إكيل (Microsoft Excell).

5-الرسم بالحاسوب (Computer graphics):

إن بعض الأعمال الإدارية خاصة اتخاذ القرارات تحتاج إلى طرق عرض للمعلومات بشكل رسومات أو صور أو رسمات بيانية معنونة ومرقمة بشكل احترافي فكم من مشروع جيد لا يلقى آذانا صاغية عند الممول أو متخذ القرار لأن عرضه عليه لم يتم بصورة متقدمة. وللحاسوب دور رئيسي في هذا المضمار كما يظهر في نشرة الأسواق المالية ومجلات المال والاقتصاد ومن الأمثلة على البرامج القوية في هذا المضمار برنامج هارفرج جرافكس (Harvard Graphics) وبرنامج كوريل درو (Corell Draw) وغيرها.

6- النشر والتوزيع (Desktop publishing):

لقد بدأت ظاهرة النشر والتوزيع المحوسب حوالي 1985 وذلككنتيجة للتطور التقني الهائل في مجالات البرامج والطباعة الليزرية، فالحاسبو أصبح يؤدي مهام مشابهة

لتلك التي تقوم بها دور النشر والتوزيع المتخصصة مثل عمليات الكتابة والتحرير وطباعة الأوفست والتصاوير وتصميم أعمدة الكلام والألوان والطباعةالليزرية الملونة والاختزال والنسخ السريعين.

7-الشبكة (Computer networking):

الكثير من المؤسسات لا يكون في موقع واحمد بل في فروع موزعة جغرافياً بحسب طبيعة عمل المؤسسة. إن الحاسوب يمكن أن يوفر ربطاً حاسوبياً فعالاً بين هذه الفروع المتناثرة بحيث يصبح تمرير المعلومات من مكان لآخر بسرعة الضوء. فيمكن مثلا لفتاة تجلس في البيت أن تتصل من خلال حاسوبها مع حاسوب المجمع التجاري ليعطيها معلومات عن أنواع وموديلات وأسعار الملابس المتوفرة لديهم في ذلك الوقت وللفائدة فإن الشبكة الحاسوبية تكون على أكثر من نطاق. فمنها يكون للحواسيب داخل عمارة واحدة (local area network LAN. ومنهافي المنطقة الإدارية الواحدة (metropolitan area Network). ومنها في المكان واسع الانتشار (Wide area networks WAN) ومنها في العالم بأسره (Global networks).

التطبيقات المكتبية للحواسيب في عالم إدارة الأعمال:

هنالك العديد من التطبيقات المكتبية للحواسيب في مجالات المحاسبة ومسك الدفاتر وأنظمة الأجور والرواتب والإنتاج والجدولة وغيرها ويما يلي أمثلة على بعض أنظمة التطبيقات المكتبية للحواسيب:

1-إدخال ومعالجة الطلبات Order entry systems:

يتم هنا إدخال كافة الطلبيات إلى الحاسوب ويتم إرسال إشارة إلى المستودعات لإخراج الطلبية ويفحص الحاسبو ملاءة العميل المالية وطباعة الفوائد والوصولات ومتابعة دفع الأقساط والترحيل المحاسبي.

2-أنظمة المخزون (Inventory systems):

يقوم الحاسوب هنا بمتابعة وتحديث قيود إرسال طلبيات الشراء ووصول البضاعة وقرب نفاذ المخزون السلعي والرقابة على مردودات المشتريات ومردودات المبيعات والجرد السلعي وحساب مخزونه آخر المدة.

3-أنظمة الدائنيين والمدينين (Accounts payables and accounts):

يقوم عمل الكثير من المؤسسات والمؤسسات المالية التي تقوم على الاقتراض والإقراض كالبنوك وغيرها على عمليات الاستدانة والإدانة ولذلك يكون حساب المدينون: (Accounts receivables) والدائنون (Accounts payables) كبيرين جداً وتكون حركتهم القيدية نشطة جدا. ومن أجل فعالية الأداء تقوم المؤسسة بتبني برنامجاً لهذه الغاية يقوم على ضبط هذا النوع من العمليات حيث يتكفل هذا البرنامج بإخبار صاحب العمل عن قوائم الدائنون والمدينون مفهرسة كل حسب مبلغ الاستحقاق وتاريخ الاستحقاق وحساب الأقساط الشهرية وما إلى ذلك. ومن الجدير بالذكر أن بعض هذه الأنظمة له القدرة الحاسوبية على تنظيم عمليات الدفع الآلي والبريدي للديون.

4-أنظمة الرواتب والأجور (Payroll systems):

في المؤسسات الكبيرة يصعب دفع الرواتب والأجور بطرق يدوية لذلك يستعان بالحاسوب وبرامجه لتنفيذ هذه العمليات حيث يشرف الحاسوب وبشكل دقيق وسريع على حساب الأجور بناءاً على كشوف وجداول ساعات العمل وحساب العلاوات الدورية والآنية وتنظيم دفوعات تطبع على طابعة شيكات تكون مخصصة لهذه الغاية.

5-المحاسبة ومسك الدفاتر والتدقيق accounting and book keeping and auditing:

إن العمليات المالية والمحاسبية تتضمن التعامل بالمال والنقد. إن المال وضبطه من أكثر النشاطات الرقابية حساسية في المؤسسات العامة أو الخاصة على حد سواء. إن العمليات المحاسبية والتدقيقية كانت من أول نشاطات الأعمال التي حظيت باهتمام الحاسوبيين والمبرمجين. إن استخدام الحاسوب في المضمار المحاسبي أمكن من الحصول على قوائم مالية آنية instant financial statements أي الحصول على قائمة الميزانية العمومية أسبوعياً أو يومياً أو حسب الطلب. مما يمكن المدراء ومتخذي القرارات من الحصول على معلومات آنية ودقيقة عن الوضع المالي والمحاسبي للمؤسسة وعليه يكون قرارهم أكثر اعتمادية وفعالية.

6-الجدولة والمشاريع (Project scheduling):

إن هناك برامج إدارية تتولى تنظيم وإدارة عمليات الجدولة للمشاريع والعمال والآلات. تمثل هذه البرامج تقوم باستقبال المعلومات بالمشروع مثل مراحله وطول كل

مرحلة من هذه المراحل وكلفتها وتحديد الحرجة مثل برنامج تايم لاين time line وبرنامج (MS project) وغيرها.

7-المراسلات والبريد (Mailing and correspondence):

من النشاطات الرئيسية التي تقوم بها المؤسسة على الصعيد اليومي عمليات المراسلات والمخاطبات التجارية ويقوم الحاسوب بكافة الأعمال من هذا القبيل مثل طباعة قوائم البريد.

كما أن الحاسوب يوفر قدرات البريد الإلكتروني (Electronic mail) وهو عبارة عن رسائل حاسوبية بدلاً من ورقية ترسل وتخزن لحين قراءتها على شاشة الحاسوب وربما الرد عليها.

8-الأنظمة المتكاملة (Integrated information system):

في الآونة الأخيرة بدأت المؤسسات تطبق أنظمة حاسوبية هي عبارة عن دمج لواحد أو أكثر من الأنظمة السابقة المذكورة في نظام واحد. حيث أثر تطبيق هذه الأنظمة على كمية العمل اليومي في المؤسسات وقلل التكاليف الخاصة بالعمال والورق والمواصلات. كما أن استعمال هذه الأنظمة حقق المزيد من الرقابة الإدارية من هذه البرامج ميكروسوف أوفس (Microsoft office).

تطبيقات شبكة الإنترنت في مجالات العمل الإداري:

تتربع الشبكة العالمية إنترنت (Internet) على قمة هرم شبكات الربط الحاسوبي المعرفي والمعلوماتي في أنحاء العالم. وتحمل شبكة الإنترنت في قواعد بياناتا

الهائلة كميات تكاد تكون لا محدودة حول كافة المواضيع العلمية والتجارية والترفيهية والدعائية في العالم حيث يبلغ عدد الأشخاص المربوطين على الشبكة حالياً حوالي أكثر من 16 مليون مستخدم ويقسم المستخدمون للشبكة إلى نوعين:

1- المستفيد من المعلومات.

2- المزود للمعلومات.

ويمكن للمستخدم أن يكون مستفيداً من المعلومات وفي نفس الوقت مزوداً بها. وتشمل فئة المستفيدين التجار والسماسرة والباحثين والعلماء والأطباء والمهندسين والصيادلة والفنانين والرياضيين ومستمعو الأخبار وغيرهم الكثير.

أما مزودو المعلومات فهو أي شخص أوجهه يرغب بأن يضع بياناته ومعلوماته ولوائحه أما الراغبين في الاستفادة منهات وقد يكون ذلك بواسطة استخدام موقع إلكتروني أو ما يسمى (wide world web) (www). حيث يتم تصميم الموقع باسم معين ويتم نشر البيانات والمعلومات عليه أو أن يقوم بتصميم ما يسمى بالصفحة المنزلية (Home page) يضع عليها كافة المعلومات التي يرغب بإيرادها للجمهور. وبنفس المنهجية يمكن للشركات والمنظمات وأسواق المالي وأسواق البضائع والجامعات والمراكز العلمية أن يوفروا أية معلومات بإطلاع الجمهور على صفحاتهم المنزلية وهناك أمثلة كثيرة على استخدامات الشبكة في مجالات العمل الإداري. فيمكن لمدير المؤسسة المشترك في الشبكة أن يقوم بتصميم صفحة منزلية أو موقع إلكتروني لمؤسسته في محاولة منه لتعريف التعامل بمؤسسته كما يمكن له أن يستعلم عن كافة المؤسسات الأخرى المنافسة أو الصديقة أو الموردين أو السوق أو الأسعار والمواد الخام والمتقدمين للوظائف وسوق العمل على ذلك.

فعلى سبيل المثال يمكن الاستعلام عن:

أ.   أسعار أسواق الأسهم والبضائع المحلية والعالمية وأسواق العملات.

ب. الباحثين عن وظائف وأسعار سوق العمل.

ج.   أسعار المواد الخام والمواد الداخلة في الإنتاج.

د.   الأخبار العالمية السياسية والاقتصادية والاجتماعية وغيرها.

ه.   نشاطات المؤسسات الصديقة والمنافسة.

و.   السفر وحركات الطيران والحجوزات للرحلات الجوية والبحرية والبرية وهكذا.

كما يمكن للمدير أو صاحب الأعمال أن يقوم بالاتصال مع الآخرين من خلال الشبكة لعقد الصفقات التجارية.

فعلى سبيل المثال يمكن له من خلال الشبكة أن:

أ.   يوقع عقود إلكترونية للشراء والبيع والتصدير والاستيراد.

ب. يستعمل من مورد البضائع حول الأسعار والطلبيات وزمن الوصول.

ج.   يرسل المراسلات للطرف الآخر فيما يعرف بالبريد الإلكتروني (Electronic mail).

د.   يستعلم عن تحركات الأشخاص وآخر أخبارهم وخاصة من يسافر إلى الخارج ويريد أن يبقى على اتصال مع مؤسسته.

إن استخدام الشبكة لا يحتاج إلى الكثير من التدريب أو الخلفية في مجال الحاسوب فيكفي أن يلم الشخص بمبادئ نظام الشبابيك (windows) لكي يتمكن من استخدام الشبكة.

الفصل السابع
التجارة الإلكترونية وإدارة المعرفة

الفصل السابع
التجارة الإلكترونية وإدارة المعرفة

مفهوم إدارة المعرفة

هي الجهد المنظم الواعي الموجه من قبل المنظمة من أجل التقاط وجمع وتصنيف وتنظيم وخزن كافة أنواع المعرفة ذات العلاقة بنشاط تلك المنظمة وجعلها جاهزة للتداول والمشاركة بين أفراد وأقسام ووحدات المنظمة بما يرفع مستوى كفاءة اتخاذ القرارات والأداء التنظيمي.

ويرى البعض أن إدارة المعرفة هي مجموعة من الأنشطة والعمليات التي تساعد المنظمات على توليد المعرفة والحصول عليها واختيارها واستخدامها وتنظيمها ونشرها والعمل على تحويل المعرفة بما تتضمنه من بيانات ومعلومات وخبرات واتجاهات وقدرات إلى منتجات (سلع وخدمات) واستخدام مخرجات إدارة المعرفة في صناعة القرارات وحل المشكلات ورسم علميات التعلم وبناء منظومة متكاملة للتخطيط الاستراتيجي وإدارة المعرفة تشمل تعريف وتحليل الأصول المعرفية المتوفرة والمطلوبة والعمليات المتعلقة بهذه الأصول والتخطيط اللاحق والتحكم بالأعمال لتطوير كلمن الأصول والعمليات بما يحقق أهداف المنظمة.

مفهوم التجارة الإلكترونية[1]:

هناك عدة تعريفات للتجارة الإلكترونية حيث أنها يمكن أن تعرف بعدة مناظير هي:

1-من منظور الاتصالات:

التجارة الإلكترونية هي المقدرة على تسليم المنتجات أو الخدمات أو المعلومات أو إتمام عملية الدفع عبر الشبكات مثل شبكة الإنترنت وشبكة الويب أو غبر الهاتف الخلوي Mobile phone.

2-من منظور الواجهة المقابلة (interface):

تعرف بأنها تكون مسئولة عن مختلف المعلومات وتبادل العمليات التجارية حيث يمكن أن تتم العملية بين طرفين: شركة إلى شركة (B2B) أو مستهلك إلى مستهلك (C2C).

3-من منظور الحركات التجارية business process

التجارة الإلكترونية تتضمن نشاطات بدورها تدعم التجارة إلكترونياً باستخدام وسائل شبكة الاتصالات نفسها لمختلف التصنيفات للتجارة الإلكترونية مثل شركة إلى حكومة (G2B) أو شركة إلى شركة (B2B) وهكذا.

(1) التجارة الإلكترونية والأعمال الإلكترونية، د.خضر مصباح الطيطي، دار الحامد، عمان، الأردن، 2008، ص 31.

4- من المنظور المباشر online:

التجارة الإلكترونية ما هي إلا بيئة تمكن وتسهل عملية البيع والشراء للمتنجات والخدمات عبر الإنترنت، فالمنتجات من الممكن أن تكون ملموسة مثل الكتب والأقراص المدمجة وأجهزة الفيديو وغيرها ومن الممكن أن تكون غير ملموسة أو خدمات مثل شراء معلومات معينة أو ملف فيديو أو كتاب الكتروني أو يمكن الحصول على خدمة استشارات أو أخبار معينة.

5-من المنظور الهيكلي structural:

التجارة الإلكترونية تتضمن الكثير من الوسائل المستخدمة مثل البيانات، النصوص، صفحات الإنترنت، طريقة الاتصال بالإنترنت وغيرها.

6-من منظور الأسواق Market:

التجارة الإلكترونية هي شبكة عالمية واسعة الانتشار فعلى سبيل المثال البائع المحلي يمكنه من فتح متجر على الإنترنت من خلال بيع المنتجات لكل العالم الموجودين على الأرض ويمكنه الاتصال مع الزبائن والموردين والمنافسين والمؤسسات التي تقدم الخدمات المالية ويمكنه الاتصال مع شركات العمل وغيرهم.

فوائد إدارة المعرفة

تركز إدارة المعرفة على إدارة العمل بأسلوب ذكي ومتطور وتركز أيضا على الإنتاجية ومخرجات العمل وليس على الجهد المبذول، لأن الجهد المبذول قد يكون ضائعاً ولا يؤدي إلى النتائج المرجوة ويمكن ذكر الفوائد التالية لإدارة المعرفة:

1- رضاء العملاء والمراجعين للمؤسسة إلى أبعد حد ممكن.

2- تقديم أفضل وأجود خدمة ممكنة للعملاء.

3- تحسين صنع واتخاذ القرارات.

4- تطوير الابتكار للوصول إلى الأدوات المناسبة والملائمة لحل المشكلات الحالية وابتكار وسائل وخدمات جديدة وتحسينها.

5- تقليل ازدواجية الجهد والوقت والمال.

6- تبسيط الإجراءات وذلك بحذف العمليات الغير ضرورية للتركيز على صميم العمل.

7- الرضاء الوظيفي عند العاملين.

8- إن إدارة المعرفة تجعل القيادة العليا وصناع القرار في المنشأة قادرين على كيفية استغلال موارد المنظمة المتاحة بالشكل الصحيح.

9- إن إدارة المعرفة الناجحة تمنع ظهور نوع سيئ من أنماط الإدارة وهذا ما يسمى بالإدارة المزاجية، حيث تظهر الإدارة المزاجية عندما لا يوجد للمؤسسة نظام وسياسة واضحة.

\

التجارة التعاونية وإدارة المعرفة:

Knowledge management and collaboration business:

إن إدارة المعرفة ما هي إلا عملية خلق للمعلومات أو عملية الحصول عليها والتجارة التعاونية تعتبر ضرورة جداً في تكامل عملية إدارة المعرفة، وفي التجارة الإلكترونية وطرق وأدوات التعاون التي تم تصميمها لتنفيذ كل التعاملات والنشاطات داخل أو عبر الشركات.

من الممكن استخدام العديد من الخطط لإكمال عملية التكامل هذه لذلك فإن التجارة التعاونية تختلف حسب التصنيفات المختلفة للتجارة الإلكترونية وإعداداتها مثل تصنيف شراكة إلى شركة أو شركة إلى مستهلك.

إن المعرفة والإدارة تلعب دوراً استراتيجياً في التجارة التعاونية فعلى سبيل المثال أحد أهم الوظائف الأساسية لإدارة المعرفة هي عملية جمع خبرات وآراء الخبراء وهذه الخبرات والآراء أو الأفكار يمكن تزويدها من شريك تجاري إلى آخر. لذا يعتبر أحد نماذج التجارة التعاونية الرئيسية هي عملية تزويد المعرفة مع العملاء الذين يرغبون بالحصول على المعرفة. وتعتبر طريقة التعليم أيضا من الطرق المهمة في التجارة التعاونية ويمكن إجراء العديد من التسهيلات في عملية التعليم من خلال إدارة المعرفة.

إن عملية خلق المعرفة ونماذج مشاركتها من أجل التعاون التجاري بين الشركاء التجاريين وفي التجارة الإلكترونية يمكن أن يكون ذلك من خلال ما يعرف ببوابات المعرفة. حيث يتم تصنيف المعرفة وتنظيمها وإدارتها من خلال قنوات موجودة على الإنترنت في المواقع الإلكترونية المختلفة ومن هنا نجد العلاقة الوثيقة بين إدارة المعرفة في أي منظمة وعمليات التجارة الإلكترونية عبر الإنترنت أو الويب.

إن من أهم المبادئ المتعلقة بالتجارة التعاونية هي عملية التخطيط التعاوني بين الشركاء التجاريين والتجار المزودين والموزعين وغيرهم. إن أهم نتائج التخطيط التعاوني القائم على المعرفة بين كل الأطراف المشتركة بالعملية التجارية هو التنبؤ بحجم السوق والبيع والعرض والطلب في مدى زمني محدد والذي يؤدي بدوره إلى تنظيم العمل واستقراره ومعرفة كيفية التأقلم مع مختلف التغيرات والتي قد تحصل مثل التذبذبات في كميات العرض والطلب.

إن التخطيط التعاوني والتنبؤ المستقبلي للعمل التجاري يعتبر مشروع كبير يتم من خلاله التخطيط والتنبؤ بالطلب والعرض من أجل التأكد من أن الأعضاء المشتريك في التجكارة التعاونية سوف يتوفر لهم الكمية المناسبة والكافية من المواد الخام والمصادر من أجل إنتاج السلع النهائية وذلك لتبية رغبات وطلبيات العملاء في الوقت المناسب وهنا تلعب المعرفة والمعلومات وإدارة المعرفة دوراً بارزاً.

بوابات الإنترنت التعاونية: Collaboration commerce portals
وهي عبارة عن مدخل لموقع إلكتروني تعاوني والذي يمكن من خلاله تسهيل عملية الاتصالات والوصول إلى معلومات الشركة المتعلقة بالأعمال التجارية.

إن بوابات الإنترنت التعاونية هي عملية تخصيص نقطة ما للوصول من خلال متصفح الإنترنت إلى معلومات مهمة جداً عن الأعمال التجارية والتي تكون متواجدة داخل أو خارج في الشركة التجارية.

إن البوابات التعاونية تعمل على تسهيل وتمكين الموظفين وشركاء العمل والعملاء من تسهيل عملية التواصل والاتصالات المتبادلة فيما بينهم والتواصل من الشركة في أي مكان في العالم ومن خلال هذه البوابات. لذا فإن البوابات التعاونية هي أحد الأساسات التي تمكن الاتصالات والتعاون والوصول إلى معلومات الشركات، وقد قامت العديد من الشركات الكبيرة بتطبيق البوابات التعاونية كنوع من إدارة المعرفة ونشر المعلومات من أجل تخفيض التكلفة وتقليل الجهد الموكل إلى المدراء والمدراء التنفيذيين لكي يقوموا بأعمال أخرى أكثر أهمية للشركة تزيد من كفاءة الشركة وتنافسها وقيمتها بين الشركات الأخرى.

والبوابات التعاونية في الإنترنت عدة أنواع منها:

1- بوابات للمزودين وغيرهم من شركاء العمل: حيث أن استخدام هذا النوع من البوابات التعاونية يمكن المزودين من عملية إدارة مباشرة لمستودعاتهم.
2- بوابات الزبائن، حيث تخدم الزبائن أينما وجدوا.
3- بوابات الموظف: وتساعد على التدريب وبث الأخبار والمعلومات لم.
4- بوابات المشرفين والمدراء التنفيذيين: وتمكن من مراقبة وضبط كل العمليات الإدارية والأعمال التي تتم داخل الشركة.
5- بوابات الهواتف النقالة: أي توصيل المعلومات من خلال أجهزة الهواتف النقالة.

الفصل الثامن
إدارة المعرفة والتوثيق الإلكتروني

الفصل الثامن

إدارة المعرفة والتوثيق الإلكتروني

عرفنا أن من مهام إدارة المعرفة جمع المعلومات والبيانات وتحليلها ومعالجتها وتطويرها وحفظها وخزنها للرجوع إليها عند طلبها للاستعانة بها عند اتخاذ القرارات والتوثيق قد يكون في سجلات ومستندات مطبوعة أو على الحاسوب أي ما يسمى بالتوثيق الإلكتروني. لذا فإن هناك علاقة وثيقة بين إدارة المعرفة والتوثيق الإلكتروني أي توثيق المعلومات والبيانات والصور والرموز وغيرها الكترونياً.

مفهوم التوثيق الإلكتروني:

إن معرفة التوثيق الإلكتروني يتطلب معرفة موضوع شديد الصلة به وهو التشفير [1].

نتيجة للتطور التكنولوجي الهائل الذي شهده العالم في الوسائل الإلكترونية لم يعد التوقيع التقليدي يتلاءم مع مقتضيات هذا التقدم فكان لا بد من البحث عن وسيلة أخرى لإثبات المعاملات الإلكترونية ونتيجة للبحث المستمر ظهر التوقيع الإلكتروني بصوره المتعددة. ويعتبر التوقيع الرقمي أشهر هذه الصور وأكثرها استعمالاً وتحقيقاً لعنصري الثقة والأمان في المعاملات الإلكترونية، ولكي يحقق التوقيع الرقمي وظيفة الثقة والأمان من جهة والسرية من جهة أخرى فإنه يجب أن يكون موثقاً من طرف ثالث محايد يضمن الثقة فيه ويؤكد صدور الرسائل والتواقيع الإلكترونية عمّن نسبت إليه. وبما أن التوقيع الرقمي

---

[1] التوثيق الإلكتروني ومسؤولية الجهات المختصة به، د.لينا إبراهيم يوسف حسان، دار الراية، عمان، الأردن، 2009، ص 31.

يقوم على التشفير فإنه لا بد من تحديد المقصود بعملية التشفير.

مفهوم التشفير:

عرّف المشرع التوسي التشفير بأنه: "إما استعمال رموز وإشارات غير متداولة تصبح بمقتضاها المعلومات المرغوب تمريرها أو إرسالها غير قابلة للفهم من قبل الغير، أو استعمال رموز وإشارات لا يمكن الوصول إلى المعلومات بدونها.

وعرّفه المشرع المصري بأنه "منظومة تقنية حسابية تستخدم مفاتيح خاصة لمعالجة وتحويل البيانات والمعلومات المقروءة إلكترونياً بحيث تمنع استخلاص هذه البيانات والمعلومات عن طريق استخدام مفتاح فك الشفرة".

وعرّفه البعض بأنه "تحويل الكتابة من نمطها التقليدي المقروء إلى كودات سرية أي في شكل رموز وعلامات غير مقروءة"[1].

كما عرّفه آخرون بأنه "علم الكتابة السرية وعدم فتح شفرة هذه الكتابة من قبل غير المخولين"[2].

(1) مكانة المحررات الإلكترونية بين الأدلة الكتابية، محمد محمد أبو زيد، ط1، 2002م، ص 54.
(2) أمنية المعلومات وتقنيات التشفير، عوض حاج علي أحمد وعبد الأمير خلف حسين، ط1، دار الحامد للنشر والتوزيع، عمان، الأردن، 2005، ص 34.

ويمكن تعريف التشفير بأنه "عملية حسابية معقدة يتم بمقتضاها تحويل المقروء إلى رموز وإشارات غير مقروءة على نحو يحقق أمن المعلومات وسريتها"[1].

ويهدف التشفير إلى تحقيق مبادئ الوثوقية والمصداقية وتكامل البيانات وعدم إنكار ما تم اتخاذه من أعمال.

ويقوم مبدأ التشفير على تحويل بيانات المحرر الإلكتروني إلى صيغة غير مقروءة[2].

لذلك فإنها تدعى أيضا عملية الترميز وهي تتضمن تطبيقات ا لمعادلات ودوال رياضية على نص إلكتروني ينتج عنه مفتاح ذلك التشفير المناسب[3].

هذه العملية قد تكون تماثلية بمعنى أن عملية إغلاق وفتح بيانات المنحرّر تكون بمفتاح واحد (التشفير بالمفتاح المماثل)، أو قد لا يتكون لا تماثلية بمعنى أن المفتاح الذي يتم به إغلاق بيانات المحرر غير المفتاح الذي يتم به فتح هذه البيانات (التشفير بالمفتاح المزدوج).

بمعنى أن هناك نظامين للتشفير يقوم أحدهما على مبدأ المفتاح المتماثل أو التعادلي في حين يقوم الآخر على مبدأ المفتاح اللاتماثلي أو غير لمتعادل. ولكل من هذين النظامين مزاياه وعيوبه.

---

(1) د. لينا إبراهيم يوسف حسان، التوثيق الإلكتروني، دار الراية، عمان، الأردن، 2009، ص 32.

(2) Bordinar (G), Introduction a La nation de signature electronique, p. 6.

(3) Michael Chissik and Alistair Kelman, Electronic Commerce: Law and Practice, 2nd EP, 200 p. 155.

أولاً: نظام التشفير بالمفتاح المتماثل أو ما يسمى تقنية المفتاح المناظر (Symmetric key)

تسمى هذه الطريقة للتشفير بالتشفير "السيمتري" (Symetrique)[1] . يقوم هذا النظام على وجود مفتاح واحد للتشفير وفك التشفير حيث أن مصدر الرسالة والمرسل إليه يستخدمان مفتاح التشفير نفسه لفك رموزها وقبل إرسال الرسائل المشفرة يتم إرسال مفتاح التشفير إلى المرسل إليه بطريقة آمنة ليستطيع فك الشفرة[2].

هذا النظام وإن كان يمتاز بالسرعة والسهولة وعدم احتياجه إلى حساب ذي تقنية متطورة. إلا أنه يحقق الثقة والأمان الكافيين بسبب إمكانية تسرّب المفتاح أثناء عملية تبادله خاصة في حالة رغبة مجموعة كبيرة من الأشخاص بالتراسل بشكل سري وبالتالي يمكن فك الرسالة وقراءتها[3]. كما أن على المرسل والمرسل إليه الالتزام بالاتفاق فيما بينهما وذلك بصورة مسبقة على تطبيق تقنية المفتاح المتماثل.

ثانياً: نظام التشفير بالمفتاح غير المتماثل أو ما يسمى تقنية المفتاح العام (Public key). وفي هذا النظام يتم استخدام مفتاحين مختلفين أحدهما يدعى المفتاح

(1) الحماية الجنائية للتجارة الإلكترونية، هدى حامد قشقوش، دار النهضة العربية، القاهرة، مصر، 2000، ص 76.

(2) التوقيع الإلكترونية في النظم القانونية المقارنة، عبد الفتاح بيومي حجازي، دار الفكر الجامعي، الإسكندرية، مصر، 2005، ص 31.

(3) حجية الإمضاء الإلكتروني أمام القضاء، المنصف قرطاس، اتحاد المصارف العربية، بيروت، لبنان، 2000، ص 246.

العام (Public key) والآخر يدعى المفتاح الخاص (Private key) وهما مفتاحان متماسكان يستخدم أحدهما للتشفير والآخر لفك التشفير[1].

والبرنامج الأكثر شيوعاً الذي يسمح بتكوين المفتاح العام والمفتاح الخاص يسمى (pretty good privacy (P.G.P وفي هذا النظام يقوم حامل زوج المفاتيح بنشر المفتاح العام للعامة ويحتفظ في سرّه بالمفتاح الخاص. فمن أراد مخاطبة حامل هذا الزوج من المفاتيح يقوم باستخدام مفتاح المرسل إليه العام لتشفير الرسالة ومن ثم فإن متلقي الرسالة سوف يقوم باستعمال مفتاحه الخاص المحاكي للمفتاح العام. ومن ثم يقوم بفك التشفير وقراءة الرسالة. وما دام يحتفظ بمفتاحه الخاص فإن أحداً لن يستطيع فك تشفير الرسالة وقراءتها مما يضمن سرّيتها، وبالإضافة إلى ذلك فإن هذه المنظومة توفّر حل التوقيع الرقمي وذلك بأن مرسل الرسالة يستطيع تشفير الرسالة أو جزء منها باستعماله لمفتاحه السري الخاص.

وهنالك مبادئ أساسية يقوم عليها هذا النظام تتمثل بما يلي:

1- يملك كل مستعمل لهذا النظام مفتاحين الأول علني والثاني سري.

2- يستخرج المفتاح العلني من دالة رياضية للمفتاح السري ذات اتجاه واحد وليس العكس.

3- يحافظ المستعمل على المفتاح السري ويستعمله في رفع التشفير على الرسائل المستقبلة أو في إمضاء الرسائل المرسلة على المستعملين الآخرين.

---

[1] التوقيع الإلكتروني وقانون التجارة الإلكترونية ، عمر حسن المومني، دار وائل لنشر والتوزيع، عمان، الأردن، 2003، ص 56.

4- الإعلان عن المفتاح العلني من طرف المستعمل بحيث يمكن للمستعملين الآخرين من استعماله لإرسال رسائل مشفّرة ومراقبة صحة توقيعه الإلكتروني.

وفيما يلي مثال لتوضيح كيفية حصول التشفير:

تفترض أن (س) يريد أن يرسل محرراً إلكترونياًَ إلى (ص) فإنه يتبع الخطوات التالية:.

1- يحدد (س) نص المحرر الإلكتروني الذي ينوي إرساله ثم يقوم بإغلاقه بواسطة المفتاح العام إلى (ص).

2- يستخدم (س) إحدى آليات الدوال كآلية (MD5) لاختزال نص المحرر.

3- يقوم بتحويله إلى سلسلة من الأرقام ذات طول ثابت تسمى بعد ذلك بالقيمة الهامشية (عبارة عن دالة حسابية).

4- لإضفاء القوة الثبوتية على النص المرسل يستخدم (س) مفتاحه الخاص لوضع توقيعه الرقمي على القيمة الهاشية ثم يقوم بإرساله إلى (ص).

5- يقوم (ص) بعملة معاكسة فيستخدم مفتاحه الخاص لإعادة النص المرسل إلى شكل مقروء والحصول على القيمة الهاشية.

6- يعيد (ص) حساب القيمة الهاشية المرسلة من (س) باستخدام آلية الدالة الهاشية التي استخدمها (س) للتأكد من عدم العبث بالنص المرسل أثناء عملية الإرسال.

7- إذا تمت المطابقة بين القيمة الهاشية الناتجة والقيمة الهاشية المرسلة فإن هذا يدل على عدم عبث الغير بالنص المرسل أو إصابته بفيرسو وصحة التوقيع الرقمي هذا النظام وإن كان يؤخذ عليه أنه أبطأ من حيث تنفيذه نظراً

لاستعماله مساحة حاسوبية :بيرة فإنه تم تطويره وزيادة سرعته بحيث يتم تطبيقه في ثوان معدودة[1].

كما أن هذا النظام يفوق نظام التشفير المتماثل في تحقيق الثقة والأمان اللازمين فضلاً عن إضفائه طابع السرية على الرسائل والتواقيع الإلكترونية.

وظائف التوثيق الإلكتروني:

1) الثقة والأمان بالمعاملات الإلكترونية عن طريق إثبات هوية المتعاملين وتحديد حقيقة التعامل ومضمونه والتيقن من طبيعة التعاقد ومضمونه وبعده عن الغش والاحتيال[2].
2) السرية: حيث أن وظيفة التوثيق ترتبط بتقنية الكتابة المشفرّة وفي هذه الطريقة يتحقق الارتباط بين السرية والتوثيق على المستوى الوظيفي.

مفهوم جهات التوثيق الإلكتروني:

1- أطلق عليها قانون الأونسرتال النموذجي اسم (مقدم خدمات التصديق) Provider certification service وعرّفها بأنها "شخص يصدر شهادات ويجوز أن يقدم خدمات أخرى ذات صلة بالتوقيعات الإلكترونية.
2- استخدم المشرّع الأوروبي المصطلح نفسه (مقدم خدمات التصديق) وعرّفها في التوجيه الصادر عنه بأنها "كل وحدة أو شخص طبيعي أو معنوي يبادر بإصدار شهادات توثيق إلكترونية أو تقديم خدمات أخرى متصلة بالتوقيعات الإلكترونية.

---

(1) BITAN (H), La Signature electronique: Comment La Technique Repond – 1- ellaux Exigenees de La Loi 2 to 3, Pal. 19-20- Juillet, 2000, p-8.

(2) الجوانب القانونية للتعاملات الإلكترونية، ط1، مجلس النشر العملي، جامعة الكويت، الكويت، 2003، ص 134، إبراهيم الدسوقي أبو الليل.

ويقصد بالخدمات المرتبطة بالتوقيع الإلكتروني التقنيات التي تسمح بإصدار توقيع نموذجي أو خدمات النشر والاطّلاع والخدمات المعلوماتية الأخرى كالحفظ في الأرشيف.

3- أطلق عليها المشرّع الفرنسي اسم (المكلّف بخدمة التوثيق الإلكتروني) وعرّفها في المرسوم 272/ 2001 المؤرخ في 2001/3/30 بأنها: "كل شخص يصدر شهادات إلكترونية أو يقدم خدمات أخرى متعلقة بالتوقيع الإلكتروني".

4- استخدم المشرع الألماني مصطلح (المكلفون بخدمة التوثيق) إلا أنه وضع تعريفاً أضيق من التعريف الوارد في التوجيه الأوروبي والمرسوم الفرنسي حيث يعرف القانون الألماني المكلفين بخدمات التوثيق بأنهم "الأشخاص الطبيعيون أو المعنويون الذين يصدرون شهادات معتمدة أو شهادات مؤرخة معتمدة.

على هذا النحو فإن القانون الألماني ينص على ثلاث وظائف للمكلف بخدمات التوثيق:

1- إصدار الشهادات الإلكترونية.

2- تخصيص مفتاح التوقيع الإلكتروني.

3- وضع تاريخ للشهادات الإلكترونية.

4- سمّاها المشرع التونسي (مزوّد خدمات المصادقة الإلكترونية) وعرّفها في قانون المبادلات التونسي بأنها "كل شخص طبيعي أو معنوي يحدث ويسلم ويتصرف في شهادات المصادقة ويسدي خدمات أخرى ذات علاقة بالإمضاء الإلكتروني".

5- سمّاها مشرّع إمارة دبي (مزوّد خدمات التصديق) وعرّفها في قانون المعاملات والتجارة الإلكترونية لإمارة دبي بأنها "أي شخص أو جهة معتمدة أو معترف بها تقوم بإصدار شهادات تصديق إلكترونية أو أية خدمات أو مهمات متعلقة بالتواقيع الإلكترونية المنظمة بموجب أحكام الفصل الخامس من هذا القانون.

6- ميّز المشرّع البحريني بين اصطلاحين: "مزود خدمة الشهادات" و "مزود خدمة شهادات معتمد" في قانون التجارة الإلكترونية البحريني، وعرّف الأول بأنه "الشخص الذي يصدر شهادات إثبات الهوية لأغراض التوقيعات الإلكترونية أو الذي يقدم خدمات أخرى تتعلق بهذه التوقيعات".

وعرّف الثاني بأنه: "مزود خدمة شهادات يتم اعتماده لإصدار شهادات معتمدة طبقاً لأحكام المادتين (16 و 17) من هذا القانون.

وتحدد المادة 16 من القانون إجراءات اعتماد مزودي خدمة الشهادات وشروط الحصول على الاعتماد أما المادة (17) فتتعلق باعتماد مزوّدي خدمة الشهادات الخارجيين وإلغاء اعتمادهم.

7- أطلق عليها المشرع المصري اسم (جهات التصديق الإلكتروني). في اللائحة التنفيذية لقانون التوقيع الإلكتروني المصري وعرفها بأنها "الجهات المرخّص لها بإصدار شهادة التصديق الإلكتروني وتقديم خدمات تتعلق بالتوقيع الإلكتروني".

8- أما المشرع الأردني في قانون المعاملات الإلكترونية الأردني المؤقت فلم يورد أي تعريف للجهة المختصة بإصدار شهادات التوثيق والسبب في ذلك أن المشرع الأردني أناط بمجلس الوزراء إصدار الأنظمة اللازمة لتنفيذ أحكام قانون المعاملات الإلكترونية ومن ضمنها الإجراءات المتعلقة بإصدار شهادات التوثيق والجهة المختصة بذلك والرسوم التي يتم استيفاؤها لهذه الغاية.

إن معظم التشريعات ركّزت في تحديدها لمفهوم جهات التوثيق على بيان الوظيفة الأساسية لهذه الجهات والمتعلقة بإصدار شهادات التوثيق الإلكتروني بالإضافة لتقديم أي خدمات أخرى ذات صلة بالتوقيع الإلكتروني.

وبناء على ذلك يمكن اعتماد التعريف الآتي لجهات التوثيق الإلكتروني:

" شخص طبيعي أو معنوي عام أو خاص مرخص أو متفق عليه يخضع لإشراف الدولة ورقابتها ويقوم بدور الوسيط الإلكتروني عن طريق إصدار شهادات توثيق إلكترونية تحدد هوية الشخص المرسل بالإضافة إلى أي خدمات أخرى تتعلق بالتوقيع الإلكتروني".

هنالك العديد من الشركات على شبكة الإنترنت التي تقوم بخدمة إصدار الشهادات والتصديق على التوقيع الإلكتروني ومن هذه الشركات ومواقعها:

ARINC: http://www.arinc.com

Verisign: http://www.verisign.com

Thawte:http://www.thawte.com

Webtrust:http://www.webtrust.com

وظائف جهات التوثيق الإلكتروني:

إن وظيفة جهات التوثيق الإلكتروني لا تقتصر على إصدار شهادات توثيق تحدد هوية المتعاملين في التعاملات الإلكترونية، وأهليتهم القانونية للتعامل والتعاقد عن طريق التحقق من مضمون التعامل وسلامته وكذلك جديته وبعده عن الغش والاحتيال وإنما هناك عدة وظائف يمكن أن تؤديها جهات التوثيق وهي:

1- التحقق من صحة التواقيع الإلكترونية ونسبتها إلى أصحابها.

2- إصدار تواقيع رقمية عن طريق إصدار المفاتيح الإلكترونية سواء المفتاح الخاص الذي يتم بمقتضاه فك التشفير مع الاحتفاظ بنسخة عن المفتاح العام دون الخاص الذي يبقى في حوزة صاحبه ولا يحق لأحد أن يطّلع عليه.

3- أرشفة المعلومات المتعلقة بالشهادات عن طريق مسك سجلات خاصة بالشهادات الصالحة للاستعمال والشهادات الملغاة والشهادات الموقوف العمل بها وتاريخ الإلغاء أو الوقف[1].

4- إنشاء قواعد معلومات حول الشركات (رقم أعمالها، نشاطها وما إلى ذلك).

(1) الإثبات الإلكتروني، وسيم شفيق الحجّار، ط1، مكتبة صادر، بيروت، لبنان، 2002، ص 223.

5- تسجيل عملية إصدار الرسائل واستلامها وختم هذه العملية وتوفير خدمات التاريخ (Horodatage) أي التوقيع المؤرخ على ملخص عن الرسالة.

6- تعقب المواقع التجارية على (الإنترنت) للتحري عنها وعن جديتها ومصداقيتها فإذا تبين عدم أمن أحد المواقع فإنها تقوم بتوجيه رسائل تحذيرية للمتعاملين توضح فيها عدم مصداقية الموقع .

الفصل التاسع
إدارة نظم المعلومات التربوية

الفصل التاسع
إدارة نظم المعلومات التربوية

مفهوم الإدارة[1]:

يقصد بالإدارة هنا ذلك المنهج الذي تتبعه المؤسسة بجميع العاملين فيها لتحقيق أهداف تلك المؤسسة، وهو منهج تنتج عنه قرارات وأعمال وإجراءات تحددها طبيعة المؤسسة وتوجيهاتها والبيئة التي تعمل فيها.

وطبقاً لهذا المعنى فإن الإدارة لا بد أن تستند إلى ما يلي:

- أن يكون لها منهج واضح للقائمين عليها تعرف به ويميزها عن غيرها من الإدارات.
- أن يكون لكل من العاملين في المؤسسة دوره في إتمام مهام المؤسسة من خلال المنهج الذي اختطته لعملها.
- أن تكون للمؤسسة أهداف واضحة يسعى المسؤولون والعاملون لتحقيقها.
- أن تكون الإدارة والعاملين فيها قادرين بموجب المنهج المعتمد على إصدار قرارات تتسم بالدقة.
- أن تستطيع الإدارة والمتعاملين معها على اتخاذ الإجراءات التي يتطلبها عمل المؤسسة.

(1) الحاسوب في التعليم، د. حارث عبود، دار وائل، 2007، عمان، الأردن، ص 266.

● أن تأخذ المؤسسة من خلال إدارتها والعاملين فيها بنظر الاعتبار متغيرات البيئة التي تعمل فيها.

مهام الإدارة:

1- التخطيط Planning: ويقصد به قيام الإدارة بوضع الخطط قصيرة ومتوسطة وبعيدة المدى موضحة الأهداف والسياسات.

2- التنظيم Organizing: وهو ما يتطلبه عمل المنظمة من تنظيم في إجراءاتها وتقسيم مهامها وصلاحيات العاملين فيها.

3- التوجيه Directing: أي اتخاذ القرارات وإصدار الأوامر والاتصال والقيادة وإرشاد العاملين إلى ما ينبغي عمله في الوقت المناسب.

4- الرقابة Controling: أي التأكد من أن ما تم وما يتم يجري وفق الخطط المرسومة والاهداف المطلوبة.

5- التعاون والتنسيق Coordinating: إن إدارة المؤسسات تستدعي فتح المجال دائماً للتعاون بين المؤسسة والمستفيدين منها وبين المؤسسة والمؤسسات الأخرى المساندة وبين العاملين أنفسهم.

6- التوثيق Documentation: فإن من مهام الإدارة توثيق إجراءاتها وتجاربها بهدف مد الإدارات العليا بمؤشرات العمل الميداني ونتائجه.

7- الضبط Control: فمن مهام الإدارة ضبط الشروط الواجب توفرها في نواتج العمل والإجراءات المؤدية إليها مثل وضع معايير للجودة وقياس مستوى إنتاجية الفرد وتصحيح الأخطاء.

8- وضع الميزانيات Budgeting: وهي مهمة تتطلب حسابا دقيقاً للموارد المادية والبشرية المتاحة وكيفية استثمارها في أفضل صورة.
9- الاتصال Communication: إن التفاهم والتفاعل بين العاملين في أية مؤسسة على المستويين الأفقي والعمودي مهمة تتطلب توفير القدرة على الاتصال السريع والمرن بين أطراف العمل في المؤسسة وبين المؤسسة والمؤسسات الأخرى.

مفهوم نظم المعلومات:

يقصد بالنظام هنا ذلك التفاعل الذي يحصل بين عدد من العناصر بصورة متناسقة لأداء مهمة ما في إطار بيئة محددة.

أما نظم المعلومات فيه آليات محددة تحكم خزنها ومعالجتها واسترجاعها طبقاً لانساق محددة تحقق الأغراض التي أنشئت من أجلها. وبالرغم من أن تعبير نظم المعلومات شاع كمصطلح بعد ظهور الحواسيب ليعني كيفية تبادل المعلومات طبقاً لأنساق محددة ولأغراض محددة عن طريق الحواسيب إلا أن نظم المعلومات من حيث التطبيق عرفت قديماً. ويمكن القول أن عقد الستينات من القرن العشرين شهد بدايات نشأة نظم المعلومات مع استخدام الحواسيب ثم اتسع استخدامها في عقد السبعينات مع تطور البرمجيات وقدراتها الخزنية وظهور نظم إدارة قواعد البيانات (DBMS) Data basemanagements systems التي طورت كثيراً طاقة الحواسيب في الخزن وإجراء عمليات المعالجة واسترجاع المعلومات.

نظم المعلومات في المؤسسة التربوية:

لقد ساعدت نتائج التطبيق على توفير أسباب عدة لاعتماد أنظمة المعلومات في مختلف المستويات من العمل الإداري وأنواعه من هذه الاسباب:

1) التنظيم عالي الجودة للمعلومات المتعلقة بالطلبة والمناهج والإدارة وحسابات الدائرة التربوية.

2) تقليل الوقت والجهد الذي يبذله المديرون والعاملون الإداريون والمدرسون في إنجاز أعمالهم.

3) القدرة على اتخاذ القرار وتقويم احتمالات المستقبل.

4) الاقتصاد في تداول المعلومات.

5) الاقتصاد في النفقات.

6) توثيق جهد المؤسسة التعليمية عبر سنوات بصورة تسهل الرجوع إليها وإجراء المقارنات.

7) القدرة على مواجهة المتغيرات في بيئة العمل وظروفه.

8) تحقيق انسيابية أفضل في عمليات الاتصال المتفاعل عمودياً وأفقياً.

9) الاستثمار الأمثل للأيدي العاملة.

10) مرونة تنظيم واستخدام المعلومات بحسب حاجة المؤسسة التربوية .

تطبيقات نظام المعلومات في المؤسسة التربوية:

أهم مجالات استخدام نظم المعلومات في الإدارة التربوية هي:

1- تقديم المعلومات للمديرين والمتخصصين والباحثين وأولياء الأمور عن عمل المدرسة والدائرة التربوية.

2- الحصول على وثائق الدراسة والتخرج.
3- منح المؤسسة التعليمية أو التربوية القدرة على تقويم عملها وإجراءاتها بصورة مستمرة.
4- منح الفرصة للمدراء لاتخاذ القرارات المناسبة تأسيساً على معلومات دقيقة.
5- منح الفرصة للإدارات المدرسية أو الإدارات العليا على التنبؤ الأقرب إلى الدقة عند التخطيط لمراحل لاحقة.
6- مساعدة الإدارات المدرسية والإدارات الوسطى في تزويد الإدارات العليا بتقارير دورية دقيقة تتسم بالثبات والوضوح.
7- توثيق البيانات والخطط المتعلقة بعملها وحفظها للرجوع إليها عند الحاجة.
8- البث الانتقائي للمعلومات.
9- الرد على استفسارات المتعاملين مع المؤسسة التربوية.

التفكير النظمي:

إن استخدام أنظمة المعلومات في المؤسسة الترويبة يتطلب اقتناعاً بمدى جدوى هذه الأنظمة في تطوير عمل هذه المؤسسة. بل إن ذلك يتطلب وعياً بأهمية النظم وقدرة على التفكير النظامي.

إن هذا النمط من لتفكير هو ما تتطلبه الإدارة الحديثة التي لم تعد قائمة على الملكيات الفردية للقائمين على الإدارة ولا الأمزجة الشخصية، ولا حتى الخبرات التي اكتسبوها عبر سنين عملهم. إن الجانب الأكثر أهمية اليوم هو مدى دقة أنظمة

المعلومات وسرعة توفرها وشموليتها. ولا شك أن استخدام نظم المعلومات يوفر مثل هذه الشروط الملائمة لعمل الإدارة الحديثة ويؤمن القاعدة المطلوبة لنجاحها على أن ذلك يتطلب توفر ثلاثة عوامل أساسية:

1- أن تكون كمية المعلومات وطبيعتها التي يغذي بها نظام المعلومات الذي تعتمده المؤسسة التربوية كافياً لاحتياجات الإدارة التعليمية.

2- أن تتوفر لدى القائمين على المؤسسة التربوية والعاملين فيا الخبرة الكافية والرغبة في التعامل مع نظم المعلومات المعتمدة فيها.

3- أن يتوفر لدى المستفيدين من هذه النظم أو المتعاملين مع المؤسسة التربوية كأولياء الأمور أو الباحثين أو المؤسسات ذات الصلة بها الرغبة والوعي والقدرة على التفاعل مع هذه الأنظمة.

صيغ حفظ البيانات:

لقد مرت صيغ حفظ البيانات (أو ما يسمى أوعية المعلومات) وتنظيمها بسلسلة من المراحل قبل ظهور الحواسيب فكانت قوائم الكشف والسجلات والفهارس والقواميس والخرائط وغيرها كان يتم تنظيمها يدوياً ثم تطورت إلى مراحل أخرى. هذه المراحل هي:

1- مرحلة التنظيم اليدوي:

اعتمدت المؤسسات التربوية منذ وقت مبكر طريقة الحفظ اليدوي للبيانات المتعلقة بأعداد المعلمين والعاملين والطلبة.

ويمكن تحديد خصائص هذه المرحلة بما يلي:

- بطء عملية حفظ البيانات.
- صعوبة تحديث سجلات البيانات بشكل مستمر.
- إمكمانية تعرض البيانات للتلف.
- تكرار البيانات في السجلات بأشكال مختلفة.
- صعوبة المحافظة على سرية البيانات التي يتم حفظها.
- صعوبة استرجاع البيانات أو العثور عليها.
- حاجة العمل في حقل المعلومات في هذه المرحلة إلى عدد غير قليل من العاملين لإنجاز مهام محدودة.
- تفاوت السجلات من حيث طبيعة تنظيمها وعدم وجود معايير دقيقة تلتزم بها جميع هذه السجلات مما يتسبب بعدم توافق البيانات مع بعضها.
- عزل بيانات السجلات عن بعضها بحيث يحتاج الباحث عن البيانات الرجوع إلى عدة سجلات في آن واحد.
- استقلالية عمل العاملين على هذه السجلات عن بعضهم مما يتسبب في عدم شيوع أو تبادل المعلومات بينهم بصورة دائمة.
- صعوبة حفظ السجلات وبخاصة في الدوائر أو المدارس الكبيرة بحيث يخصص بعضها غرفاً بكاملها لهذه السجلات.

2-مرحلة التنظيم شبه التقني:

وهي مرحلة اعتمدت تنظيم البيانات في سجلات محوسبة (Files) بديلاً عن السجلات الورقية. وتميزت هذه المرحلة بعدة خصائص هي:

- اعتماد طريقة الحفظ بالسجلات نفسها ولكن باستخدام الحاسوب.

- إمكانية المحافظة على البيانات من التلف أو الضياع.

- السهولة النسبية في الرجوع إلى البيانات بسبب سرعة العثور عليها في السجلات المحفوظة.

- اختصار أماكن الحفظ وعدد العاملين.

- تكرار البيانات في أكثر من سجل بأشكال مختلفة.

- توفير فرصة أفضل نسبياً لتبادل البيانات والمعلومات بين العاملين أنفسهم وبينهم وبين الإدارات العليا.

- سهولة إدامة البيانات وتحديثها.

- ظهور بعض المعايير في تنظيم السجلات والملفات وتحديد حقولها ومداخلها.

- إمكانية المحافظة على سرية البيانات بصورة أفضل من المرحلة الأولى.

3- مرحلة التنظيم التقني الكامل:

وهي مرحلة تميزت بها الإدارة الحديثة واعتمدت فيها برامج متقدمة لحفظ البيانات على الحواسيب بشكل كامل، وتميزت هذه المرحلة بالخصائص التالية:

- عدم تكرار البيانات وذلك لاستخدام برامج قواعد البيانات المتقدمة كبرنامج مايكروسوفت اكسس Microsoft Access.

- استخدام أوسع لشبكة الإنترنت بما يساعد على تنظيم عمليات الاتصال على أوسع نطاق بين مستخدمي النظام ومتخذي القرار.

- اتساع قدرات خزن البيانات كما يحصل في برنامج Excel مثلا الذي يضم ملايين الخلايا.

- إمكانيات أوسع للمحافظة على سرية المعلومات.

- سهولة وسرعة الوصول إلى البيانات بحسب متطلبات عمل كل شخص أو مستوى من مستويات العمل الإداري.

- اختصار عدد العاملين إلى حد كبير.

- تنافذ البيانات في السجلات والقواعد المختلفة على بعضها بما يؤمن من تكامل البيانات.

- تجانس معايير الحفظ والمعالجة والاسترجاع.

- الوصول المتزامن إلى البيانات مما يعني اتصاف المعلومات بالدقة والشمولية.

- تطور وتنوع مستويات أوعية البيانات.

- إمكانية احتواء البيانات لأشكال وصيغ واسعة التنوع كالأصوات والصور الثابتة والمتحركة.

- إمكانية تصرف المستخدم نفسه في تشكيل هياكل البيانات بالصورة التي يرغبها.

- إمكانية تضمين حقول البيانات ملاحظات تكميلية تساعد العاملين والمستخدمين على فهمها دون ظهور هذه الملاحظات في النسخ المطبوعة منها.

برامج إدارة المعلومات Data management software:

يمكن تحديد نوعين من هذه البرامج هما:

1- نظم إدارة قواعد البيانات Data base management systems.

2- برامج التطبيقات Application software.

(1)نظم إدارة قواعد البيانات:

وهي برامج جاهزة يمكن لأي مؤسسة شراؤها والاستفادة منها في إدارة قواعد بياناتها بحسب حاجتها إليها وبحسب طبيعة عملها ومن هذه البرامج

Microsoft Access

Oracle

Smart

Data base II

Data Base III

Data Base III+

وهذه البرامج وغيرها مصممة بطرق تسهل تنظيم قواعد واسعة للبيانات بحيث يمكن بواسطتها خزن ومعالجة المعلومات واسترجاعها بسرعة وسهولة ودقة عالية وربط البيانات أفقياً وعمودياًَ بما يجعل تداول البيانات مرنا وقابلا للمراجعة والتحديث المستمرين على مستويات إدارية عدة في الوقت نفسه وبصورة مشتركة وإنشاء قواعد بيانات متكاملة أي موحدة Integrated data base فيما بينها. بمعنى أنه يمكمن بواسطة هذه البرامج إنشاء قاعدة بيانات بين الأقسام أو الإدارات المختلفة من مستوى إداري واحد أو مستويات إدارية متباينة تتشارك فيما بينها بالبيانات وتتخاطب.

(2)برامج التطبيقات:

وهي برمجيات يستفاد من خصائصها التطبيقية في التصميم واستخدام الأصوات والصور والخرائط والأشكال البيانية والهندسية والرسوم والحركات لأغراض نظم إدارة قواعد البيانات السابقة الذكر. ومن هذه البرامج:

Microsoft spread sheets

Microsoft Access

Microsoft word

Microsoft windows

Photo shop

3D studio max

Auto card

وغيرها من البرامج التطبيقية ذات الصلة بتنظيم النصوص والرموز ودعمخها بوسائل تجسد البيانات وتوضحها على نحو عالي من الدقة والجمالية.

ومن الجدير بالذكر أن النوعين المذكورين من البرامنج برامنج إدارة قواعد البيانات والبرامج التطبيقية هي برامج متجددة وتخضع إلى التحديث.

نظم المعلومات واتخاذ القرارات:

يعتبر اتخاذ القرار مهمة أساسية من مهام مدير المؤسسة التربوية. لقد تطورت إمكانات الإدارات كثيراً في مجال القدرة على اتخاذ القرارات تبعاً لتطور نظم المعلومات الإدارية وبات من الممكن إعداد قواعد بيانات خاصة باتخاذ القرار أو إعداد نماذج مصممة خصيصاً للمساعدة في اتخاذ القرارات في ميادين عديدة كالصناعة والتجارة والزراعة وغيرها وتجري نمذجة القرارات على الحاسوب بحيث يقوم نظام المعلومات بشكل تلقائي بتقديم خيارات متعددة وعرض مبررات كل منها دون تدخل من المبرمج أو المدير اعتماداً على ما يتوفر من معلومات وما ينشئه نظام المعلومات من علاقات بين البيانات المخزنة.

إن أهم ما توفر المعلومات في مجال اتخاذ القرار أنها تبني البدائل المقترحة استناداً إلى المتغيرات العديدة التي تؤثر في طبيعة القرار المتخذ ونتائجه والتي قد يغفلها متخذ

القرار لأسباب عديدة تتعلق بقدرته على الإحاطة بتفاصيلها وتأثيراتها في اللحظة التي يتخذ فيها القرار.

إن نظم المعلومات التي سبق أن اعتمدت في خزن بيانات تفصيلية عند كل مرافق العمل وظروفه بصورة متراكمة يمكمن أن تضع إما متخذ القرار جميع الاحتمالات التي يمكن أن يؤدي إليها القرار المتخذ، وتحدد نقاط القوة والضعف لكل بديل من البدائل المطروحة ليكون متخذ القرار على بينة منها قبل إصدار حكمه أو قراره النهائي.

نظم المعلومات والنظم الخبيرة:

يمكن تحديد مفهوم النظم الخبيرة (Expert systems) بأنها تلك الأنظمة المعلوماتية التي تستطكيع محاكاة الخبير المتخصص في تقديم المشورة لمستخدم الحاسوب وهي نظم قادرة على تحليل البيانات وإنشاء العلاقات بينها بطرق رياضية معقدة تمكنها من الاستنتاج وتوليد المعلومات وتقديم إجابات ذكية. وتعد هذه النظم من تطبيقات الذكاء الاصطناعي وأكثرها استخداماً في الميدان العلمي وهي نظم متقدمة توظف خزيناً هائلاً من المعلومات والخبرات النظرية المتراكمة طبقاً لمنهج علمي بحيث نستطيع الارتقاء إلى مستوى الخبير أو العالم المتخصص وربما تتوفق عليه من حيث سرعتها ودقتها واعتمادها على مخزون كبير من المعلومات، بحكم الطاقة الكبيرة التي تمتلكها الحواسيب المترابطة والنصائح ومقترحات القرارات، آخذاً بعين الاعتبار المتغيرات التي تحيط بها .

تطبيقات نظم المعلومات على مستوى المدرسة:

إن نظم المعلومات التي تصلح للمدرسة لها خصوصيتها ولا بد لأنظمة المعلومات المستخدمة على مستوى المدرسة أن تكون في خدمة الأطراف المشاركة في إدارتها وإنجاز أعمالها.

الإدارة المدرسية: يمكنها الاستفادة من نظم المعلومات في عمليات التخطيط والتنظيم والاتصال والرقابة والتقويم واتخاذ القرار وتوثيق مسيرة عملها. فبدل الاحتفاظ بالسجلات الورقية التقليدية لرواتب العاملين ومشتريات المدرسة والتعليمات وعلامات الطلبة ووثائقهم يمكن أن تعوض عنه أنظمة المعلومات بفاعلية أكبر ودقة أعلى وكلفة أرخص وجهد أقل.

الإدارات العليا: إن صورة العمل بكامل تفاصيله في لمدرسة في حال تطبيق نظم المعلومات الإدارية فيها ستكون متاحة للمشرفين وللإدارات الوسطى والعليا بما يعينهم على أخذ تصور كامل عن المدرسة التابعة لهم وسير عملها وطبيعة المشكلات التي تواجهها والنمو الحاصل في أدائها مما يعني اتخاذ قرارات صائبة.

الحاسوب والإدارة المعاصرة:

تعد نظم المعلومات من النواتج الحديثة لتكنولوجيا المعلومات فتكنولوجيا المعلومات لا تعني فقط الآلات والأدوات أو المعدات والأجهزة التي يتم عن طريقها خزن المعلومات ومعالجتها واسترجاعها. إنما هي كذلك جميع الآليات التي تحكم هذه العملية المعقدة بكل تفاصيلها وهي القاعدة التقنية والمنطقية التي أنتجت نظم المعلومات وتسعى بتطويرها إلى تطوير هذه النظم باضطراد.

أما تكنولوجيا الاتصال فليس من شك في أنها المجال الأوسع الذي تتحرك داخله تكنولوجيا المعلومات ووليدها نظم المعلومات.

فتكنولوجيا الاتصال بمعناها الواسع تتضمن هندسة التفاعل بين أطراف عملية الاتصال بجميع آلياته وأدواته ذلك أن أهم عنصر في نجاح فاعلية نظم المعلومات هو توفرها على ذلك النوع من التفاهم المتفاعل بين مستخدمي هذه النظم جميعاً من خلال تداول المعلومات على أتم وجه.

وهكذا تصبح التعبيرات الثلاثة:

- نظم المعلومات.

- تكنولوجيا المعلومات.

- تكنولوجيا الاتصال.

حلقات مترابطة من حيث المفهوم والاشتغال لا انفصام بيها ولا غنى لأي منها عن الحلقتين الأخريين.

ولا بد للإدارة التربوية التي تنشد المعاصرة في أساليب عملها والجودة في تحقيق أهدافها أن تدرك بعمق ما تعنيه هذه المفاهيم وما يمكن الإفادة منه في تطبيقاتها.

وبناء على ذلك يصبح من الضروري لأية إدارة تربوية تنشد التطور المضطرد أن تحيط بالمعارف والخبرات والمهارات ذات الصلة باستخدام الحاسوب من أجل الارتقاء بعملها وأنشطتها الإدارية.

الفصل العاشر

إدارة المعرفة ومواقع الوب

الفصل العاشر
إدارة المعرفة ومواقع الوب

تعمل إدارة المعرفة على جمع البيانات وتحليلها ومعالجتها وتخزينها واسترجاعها عند اللزوم وهي تستخدم وسائل كثيرة في هذا المجال وخصوصاً الحاسوب والإنترنت وتلجأ أيضا إلى أن تصمم لها موقع إلكتروني يسمى صفحة الوب كما يمكنها أن تدخل إلى صفحات الوب للمؤسسات الأخرى فصفحات الوب إذن وموقعها وتصميمها وتخطيطها هي من صميم أعمال إدارة المعرفة وسنتعرف في هذا الفصل على مفهوم صفحة الوب والتخطيط لها وأساليب التخطيط لها والأشخاص المسؤولين عن تطور المواقع على الإنترنت وتحديد سياسات تطوير المعلومات والتخطيط لعناصر إنشاء الموقع وكيف يتم تحديد الغرض من الموقع والخطوات الرئيسية لإنشاء وبناء مجال المعلومات وعرض الموقع وتحليل مواقع الوب.

التخطيط لإنشاء صفحات الوب[1]:

أي عمل يراد القيام به يجب أن يسبقه التخطيط له. وبالتالي فإن إنشاء الصفحات يجب القيام بالتخطيط الكافي لها باستخدام أي من اللغات. وتتم عملية التخطيط في عدة مراحل أثناء عملية إنشاء الصفحة وهي:

---

(1) إنشاء وإدارة مواقع الوب، مراد شلباية وآخرين، دار المسيرة، عمان، الأردن، 2002، ص 13.

1- مرحلة الاستراتيجيات Strategic.

2- مرحلة السياسات Policy.

3- مرحلة وضع التخطيط للنظام System planning.

مبادئ التخطيط للصفحة:

عند القيام بإجراء عملية التخطيط هنالك العديد من العوامل التي يتم التحكم بها وهنالك العديد من العوامل الأخرى التي لا نستطيع التحكم بها ومن الأمثلة إمكانية عرض صفحة الوب على العديد من متصفحات الإنترنت التي تنفذ من خلال عدة أنظمة تشغيل وبالتالي فإن عملية السيطرة ستكون صعبة نوعاً ما لأن صفحات الوب لا يتم تنفيذها على الأجهزة التابعة للشركة التي قامت بتطوير وإنشاء الصفحة بل إنها تنفذ على أجهزة تكون موزعة عبر شبكة الإنترنت والتي تكون تابعة لشركات أخرى ومستخدمين آخرين.

أهم العوامل التي لا يمكن التحكم بها عند التخطيط للصفحة:

1- سلوك وتصرف المستخدم User behavior.

2- المتصفح وشاشة المستخدم User browser and display.

3- الوصلات التشعبية لصفحة الوب Links to web.

العامل الأول: سلوك المستخدم:

إن سلوك المستخدم من أهم العوامل التي لا يمكن السيطرة عليها عند القيام بالتخطيط للصفحة ويقصد بسلوك المستخدم: الطريقة التي سيتبعها المستخدم للقيام

بتصفح الموقع أو الصفحة. إنه من الصعب السيطرة على الطريقة التي يسلكها المستخدم عندما يقوم بأخذ المعلومات واستخدامها من صفحة الوب أو حتى طريقة التصفح للموقع.

إن جميع الصفحات التي تصمم حالياً توفر خاصية أو إمكانية هامة تدعى خاصية نفاذ السائل Web Porous Quality.

خاصية نفاذ السائل:

وتعني هذه الخاصية أن المستخدم لا يحتاج لإجراء عملية التصفح للموقع أن يبدأ دائماً من الصفحة الأولى Home page وبالتالي هنا يستطيع هذا المستخدم القيام بتصفح الموقع بشكل عشوائي أي يستطيع الدخول إلى صفحة دون البدء بتسلسل معين لترتيب الصفحات ولكن سابقا كان المستخدم للصفحة قبل الدخول على أي صفحة تابعة للموقع يجب أن يقوم بزيارة الصفحة الرئيسية بشكل تسلسل حيث يتم وضع هذا التسلسل من قبل الشركة المنشأة والمصممة لصفحة الوبق ولكن مع وجود الخصائص الديناميكية التي أدت إلى وجود خاصية نفاذ السائل أصبح هنالك إمكانية توفير التصفح العشوائي وبالتالي هنا يسمح للمستخدم بتصفح الموقع بطريقة عشوائية وتحت سيطرة معينة.

وهنالك العديد من الطرق التي يتبعها المستخدم للقيام بتصفح الموقع أو صفحات الوب وهي:

1- طريقة الزجاجة Bottle Model.

2- طريقة وسادة الدبابيس Princushion Model.

3- طريقة السحب Cloud Model.

-طريقة الزجاجة:

يتم دخول المستخدم من خلال هذه الطريقة إلى الموقع الذي يحتوي العديد من صفحات الوب من خلال مسار واحد حيث تشبه منطقة الدخول إلى الموقع عنق الزجاجة ومن هنا أطلق على هذه الطريقة طريقة الزجاجة. ويقوم المستخدم بعد الدخول من خلال الصفحة الرئيسية بالانتقال بشكل تسلسلي من صفحة إلى أخرى حتى يصل إلى آخر صفحة حيث تقوم الصفحة الأخيرة بوضع مسار يعود بالمستخدم من الصفحة الأخيرة إلى الصفحة الأولى من خلال المرور بالصفحة الموجودة بينهما بشكل تسلسلي.

-طريقة وسادة الدبابيس:

وهنا لا يوجد ترتيب محدد لصفحات الوب التي تكون الموقع حيث يستطيع المستخدم للموقع بالبدء من أي مكان في تصفح الموقع وبالتالي ليس هنالك تسلسل معين يفرض على المستخدم طريق محدد للوصول إلى أي صفحة أو معلومة ضمن الموقع وتظهر الصفحات المكونة للموقع وكأنها وسادة حيث يتم تسمية طريقة الدخول إلى الموقع بالدبابيس.

وهذه الطريقة لا تتطلب خبرة من المستخدمين أو معرفة كبيرة في صفحات الإنترنت:

-طريقة السحب:

وهنا يتم ترتيب الصفحات ووضعها بشكل سحب حيث يكون هنالك ترابط بين بعض الصفحات والبعض الآخر ولا يوجد بينها ترابط وتسمح هذه الطريقة

للمستخدم بالدخول إلى الموقع بشكل عشوائي ولكن إذا تم الدخول إلى صفحة معينة سيكون هنالك تسلسل يتم اتباعه أي يسمح الموقع بالدخول العشوائي ولكن إذا تم اختيار أحد الصفحات سيتم اتباع طريقة أو تسلسل في تصفح الصفحات التي ترتبط مع الصفحة التي تم البدء بها.

طرق التخطيط لسلوك المستخدم:

طريقة المرشد Guided:

في هذه الطريقة يتم وضع تخطيط لعملية ترتيب الصفحات المكونة للموقع والذي سيتبعه المستخدم في إجراء عملية التصفح لصفحات الموقع.

وعند وضع التخطيط بهذه الطريقة يجب أن تكون إحدى صفحات هذا الموقع تمثل صفحة البداية Homepage أو الصفحة الافتراضية للمزود حيث يبدأ المستخدم بتصفح الموقع من هذه الصفحة ثم الانطلاق في مسار يمثل ترتيب صفحات الموقع. وهنا يتم التركيز في هذه الطريقة على عملية تصميم الوصلات التشعبية وهي التي تشكل الروابط بين صفحات الموقع المنفردة لتجلعها وحدة واحدة.

عند استخدام طريقة المرشد في عملية وضع التخطيط يجب أن يتم مراعاة ما يلي:

1- صفحة البداية.

2- وضع ترتيب للصفحات.

3- الطرق المتبعة في ربط الصفحات من خلال الوصلات التشعبية.

(2)طريقة إشارة البدء Cues

يتم هنا وضع صفحة بداية تحتوي على عدة نقاط انطلاق حيث تمثل كل نقطة مسار معين في عملية تصفح البيانات أي كل نقطة انطلاق تمثل ترتيب معين لصفحات معينة ضمن الموقع حيث تقوم بعرض البيانات للمستخدمين الذين يقومون باستخدام هذا الموقع ولكن عند استخدام هذا النوع من عمليات التخطيط يجب أن يكون المستخدم لهذا الموقع قادر على اختيار نقطة البداية دون الحاجة إلى عمليات إرشاد كبيرة وملاحظات كبيرة.

ويتم استخدام هذه الطريقة:

1- مع صفحة الوب التي تحتوي علبيانات معقدة Complex information مثل الصفحات التي تقوم بعرض بيانات تابعة لقاعدة بيانات Data base information.
2- مع صفحات الوب التي توفر عمليات الدعم للمستخدمين User support.

(3)الطريقة العائمة Floating:

في هذه الطريقة يتم تقديم خيار لمستخدم الموقع بالقيام باختيار الصفحة التي يريدها لعرض معلومة معينة. أي يوجد هنالك وصلة تشعبية واحدة يتم من خلالها الارتباط مع صفحة أخرى وذلك لتوفير الارتباط مع الصفحة التي تقوم بعرض وبيان المعلومات بشكل كامل وتستخدم هذه الطريقة:

1. مع صفحات الوب التي تقدم التسلية.

2. مع صفحات الوب التي تقدم الألعاب.

العامل الثاني: المتصفح وشاشة المستخدم User browser and display:

هنالك عدة عوامل لا يمكن التحكم بها بشكل كبير عند القيام بإجراء عملية التخطيط لصفحة الوب ومن أهمها نوع المتصفح المستخدم في عملية عرض صفحات الوب أي لا يمكن تحديد ما هو المتصفح الذي سيستخدمه المستخدم عندما يريد تصفح صفحات الموقع التي يتم إنشاءها وتصميمها وذلك لوجود العديد من أنواع المتصفحات المستخدمة لعرض صفحات الإنترنت ومن أهمها:

1-   متصفح ميكروسوفت Explorer.

2-   متصفح نيتسكيبNetscape.

إن كل متصفح من متصفحات الإنترنت له طريقة عرض ومواصفات تختلف عن المتصفح الآخر وهذا يؤدي إلى أن تكون طريقة ظهور صفحة الوب على المتصفحات بشكل مختلف عند مقارنة طريقة العرض. إذن يجب القيام قدر الإمكان ملائمة صفحة الوب وتكيفها على جميع أنواع المتصفحات المستخدمة والشائعة لتلاشي مشكلة العرض للصفحة والتغيرات التي يمكن أن تطرأ عليها وكذلك يجب أخذ مكونات صفحة الوب بعين الاعتبار عند القيام بالتخطيط للموقع وكذلك فإن وجود أكثر من متصفح قد يؤدي إلى ضياع بعض المعلومات الأساسية والهامة وذلك لاختلاف طريقة العرض والمواصفات التابعة لأي متصفح من حيث مواصفات الشاشة المستخدمة من حيث الأبعاد.

إذن هناك ثلاثة أمور يجب النظر إليها:

1- دراسة أنواع المتصفحات الشائعة من حيث المميزات وكذلك طريقة العمل.

2- وضع مواصفات لصفحة الوب حيث تمكنها من عملية التكيف مع العديد من انواع المتصفحات.

3- مكونات صفحة الوب:

*مكونات صفحة الوب:

1- النصوص Text ويقصد بذلك المعلومات النصية التي تظهر على صفحة الوب.

2-الرسومات Graphics: ومن أهم أنواع هذه البيانات الصور.

3-النماذج Forms: وتمثل مجموعة من العناصر المستخدمة لأخذ البيانات من المستخدم وإرسالها إلى المزود (Server).

4-الوسائط المتعددة Multimedia information: ويقصد بهذه البيانات الأفلام وملفات الصوت.

العامل الثالث: الموصلات الداخلية والخارجية للموقع Links to web:

عندما يتم إنشاء المواقع هناك نوعية من الوصلات:

1- الوصلات الداخلية.

2- الوصلات الخارجية.

الوصلات الداخلية: هي عبارة عن الوصلات التي يتم من خلالها ربط صفحات الوب المكونة للموقع مع بعضها البعض .

الموصلات الخارجية: هي عبارة عن الوصلات التي يتم من خلالها ربط الصفحات المكونة للموقع من مواقع أخرى متواجدة عبر الإنترنت.

إن الوصلات التشعبية للمواقع لا يمكن الاستغناء عنها لأنها تشكل الخيوط بين صفحات الوب المكونة للموقع.

إذن يستفاد من الوصلات الداخلية في عملية بناء الموقع الذي يحتوي على أكثر من صفحة "وب" وكذلك إجراء عملية الترتيب لهذه الصفحات.

أما بالنسبة للوصلات الخارجية فيستفاد منها في عملية الاستفادة من المصادر المتواجدة عبر شبكة الإنترنت أو الشبكة الدولية.

الأمور التي يمكن السيطرة عليها عند بناء صفحة الوب:

1- قواعد الاستخدام للمستخدم Multiple user role: وهي القواعد التي سيستخدمها المستخدم لأخذ البيانات وإدخالها لصفحة الوب.

2- خاصية النفاذ Porous quality: ويقصد بها طريقة السيطرة على سلوك المستخدم في عملية تسلسل عرض المعلومات.

أساليب التخطيط لصفحات الوب Web planning techniques:

إن عملية التخطيط تمر في ثلاث مراحل وهي:

1-المرحلة الاستراتيجية:

حيث يتم التركيز على حاجة المؤسسة من معدات وعمليات الاتصال.

2- مرحلة اختيار الأنظمة System level:

ويتم التركيز في هذه المرحلة على الأنظمة التي سيتم استخدامها للقيام بوضع الموقع على شبكة الإنترنت.

3-مرحلة الصفحة Web level:

وهنا يتم التركيز على الموقع من حيث الصفحات والمعلومات التي سنقدمها صفحات الموقع بالإضافة إلى الوسائل التي سيتم اتباعها في عرض المعلومات.

عملية التخطيط لصفحة الوب:

إن إجراء عملية التخطيط تتم في عدة مستويات هي:

1- التخطيط في المستوى الاستراتيجي Strategic level.

2- التخطيط في مستوى الأنظمة Systems level.

3- مستوى الصفحة web level.

أما الأمور التي يجب التخطيط لها فهي:

1. الأشخاص المسؤولون عن صفحة الوب.

2. التخطيط الإداري.

3. التخطيط لسياسات الصفحة.

4. التخطيط لعناصر إنشاء الموقع.

-الأشخاص المسؤولون عن صفحة الوب People planning:

هم المفتاح الرئيسي لنجاح الصفحة والموقع وذلك لأن عملية التجوير للموقع يعتمد على مهارات ومواهب الأشخاص الذين يقومون بتطوير هذه المواقع والذين يتم من خلالهم تحديد النجاح المتوقع.

الأشخاص المسؤولون عن تطوير المواقع على الإنترنت هم:

أ. المخططين.

ب. المحللين.

ج. المصممين.

د. مبرمجين صفحات الويب.

ه. المسوقين أو المروجين.

و. المبتكرين.

-التخطيط الإداري:

حتى يتم توفير عملية النجاح للموقع يجب اعتبار التخطيط الإداري أحد العوامل التي تساعد في عملية نجاح الموقع ويتم عمل التخطيط الإداري للأمور التالية:

أ. توفير الثبات في إظهار صفحة الوب على الإنترنت.

ب. تحسين مستويات صفحة الوب.

-التخطيط لسياسات الصفحة:

هنا يجب اتباع السياسات التي سيتم اتباعها في مراحل تطوير صفحات الوب وهي:

1- تحديد سياسات تطوير المعلومات.

2- تحديد سياسات تزويد المعلومات.

4-   تحديد سياسة استخدام المعلومات .

-التخطيط لعناصر إنشاء الموقع: web elements planning

عناصر إنشاء الموقع

1-   معلومات الجمهور المستهدف Audience information.

2-   حملة الغرض Purpose statement.

3-   حملة الهدف objective statement.

4-   مجال المعلومات Information domain.

5-   مواصفات وخصائص الموقع web specification.

6-   تقديم وعرض الموقع web presentation

-معلومات الجمهور المستهدف:

إن التخطيط الجيد لمعلومات الجمهور يتطلب أو يتعلق بخطوتين:

1-   تعريف الجمهور المستهدف.

2-   تعريف المعلومات الهامة والضرورية عند الجمهور.

أما عن الجمهور المستهدف فيجب أن يقوم الشخص المسؤول عن تطوير صفحات الوب بوضع وصف مختصر عن تعريف الجمهور المستهدف فتشمل:

-   الصفات للجمهور المستهدف.

-   المستوى التعلمي.

-   التخصص.

- المواصفات الشخصية.

-جملة الغرض: ويقصد بجملة الغرض: غرض الموقع ويعتبر الغرض من الموقع هو الذي يحدد المسار لعملية تطوير وإنشاء الموقع على الإنترنت.

ويتم تحديد الغرض من الموقع من خلال العوامل التالية:

1- مجال الموضوع.

2- الجمهور(المستخدمون).

3- درجة التقبل للموضوع.

4- مدى الاستفادة والاستجابة المتوقعة من المستخدم.

-جملة الهدف (هدف الموقع):

بعد القيام بتحديد الغرض من الصفحة وتحديد الجمهور المستهدف من خلال هذه الصفحة والموقع يتم بعد ذلك جمع جميع المعلومات التي تم الحصول عليها حتى يتم الوصول لتحديد الهدف للصفحة والموقع.

إن جملة الهدف هي توسيع للمعلومات التي تم جمعها في مرحلة تحديد الغرض من الصفحة.

-مجال المعلومات:

مجال المعلومات هي عبارة عن المعلومات والمعرفة التي تخص الموقع. وتشكل الخلفية المعلوماتية للمطورين.

أما الخطوات الرئيسية للتخطيط وبناء مجال المعلومات:

أ. يجب على المخطط أن يقوم بتعريف ما هي مدى المعلومات التي يكون بحاجة إليها المنشئين وكذلك المعلومات التي سيتم عرضها للمستخدمين.

ب. يجب على المخطط القيام بوضع الخطط لتحصيل معلومات المدى.

ج. يجب على المخطط القايم بوضع الخطط لعمليات التعديل والصيانة لمعلومات المجال وبالتالي هذا يتطلب القيام بما يلي:

1- تحديد المدة الزمنية التي ستنتهي فيها فائدة المعلومات.

2- تحديد كيفية تطويرها ومن سيطورها.

3- تحديد كيفية معالجتها وصيانتها وتكلفة ذلك.

وتعتمد درجة الاهتمام بتحصيل مجال المعلومات وكذلك عمليات صيانتها على الغرض الذي يقدمه الموقع.

خصائص الموقع

خصائص الموقع: هي عملية تحليل جملة الهدف إلى معاني أكثر تحديداً.

يتم القيام بتحليل جملة الهدف إلى وضع وإضافة مجموعة من المحدودات والمتطلبات. إن عملية وضع مثل هذه المتطلبات وتحديدها سيحدد ما يلي:

أ. المعلومات التي سيقدمها الموقع.

ب. طريقة عرض هذه المعلومات.

وبالتالي من خلال التحديد السابق سنبين عدد الصفحات وكذلك ماذا تقدم كل صفحة وعدد الوصلات في كل صفحة.

عرض الموقع:

إن عملية تعريف الجمهور وكذلك عرض الصفحة وهدف الصفحة ومجال المعلومات هي الأكثر ارتباطاً مع عملية التخطيط لتطوير صفحة الوب ولكن عملية العرض للموقع يجب التخطيط لها بشكل مسبق.

عرض الموقع:

هو عملية تحديد مظهر وشعور الصفحة وعند القيام بإجراء عملية البرمجة فإن عملية تحديد طريقة العرض للموقع يعتمد اعتماداً كلياً على جملة التفصيل.

إن عملية التخطيط لعملية العرض يركز على التأكيد على أن المصادر والأدوات التي نستخدمها في عملية عرض الموقع يتم دعمها ومعالجتها من قبل المزود الذي يتم تخزين صفحات الموقع عليه وبالتالي يجب على الشخص الذي يقوم بتحديد عملية عرض الموقع أن يعمل بتنسيق مع الشخص المسؤول عن إدارة المزود web administrator ويغلق عليه أحياناً

.

web master: هو عبارة عن الشخص المسؤول عن إدارة المزود وبالتالي له القدرة على منح الصلاحيات الخاصة باستخدام الملفات وحقول الاستخدام أيضا.

-الأمور التي يتم اتباعها من قبل المخططين لتحديد احتياجات عملية عرض الموقع:

1- توفير عدة احتمالات لعملية عرض الموقع بالاعتماد على جملة التفصيل الحالية وجملة التفصيل المستقبلية.

2- القيام بوضع جدول زمني لعهملية القيام بإشناء الموقع بالاعتماد على جملة التفصيل ويتضمن الوقت ما يلي:

أ.   الوقت المستغرق في عملية الإنشاء.

ب.   الوقت المستغرق في عملية فحص الوصلات.

ج.   الوقت المستغرق في عملية الفحص للموقع.

د.   الوقت المستغرق في التغيير بالاعتماد على الفرضيات الجديدة.

3-إنشاء الشكل الأولي للموقع بالاعتماد على الخصائص الأولية لصفحة الوب حيث يتم وضع ا لعناصر والمكونات الأساسية للموقع.

الفصل الحادي عشر
إدارة المعرفة بالإنترنت والإنترانت

الفصل الحادي عشر
إدارة المعرفة بالإنترنت والإنترانت

الفرق بين الإنترانت والانترنت[1]:

إن أي تعريف للانترانت يبدأ بالضرورة بالانترنت. الإنترنت هي شبكة الشبكات تلك التي تربط الأشخاص والكمبيوترات في جميع أنحاء الكرة الأرضية ومعظم استعمالات الإنترنت هي البريد الإلكتروني والوورلد وايد وب.

لقد كان البريد الإلكتروني متوفراً منذ وقت طويل قبل الوصول إلى الوب كما أن المستخدمين قد يملكون نوعاً من الوصول إلى الإنترنت -البريد الإلكتروني- في العمل ونوعاً آخر -الوب- في المنزل. قدرت الإحصاءات أن هناك أكثر من 30 مليون مستخدم انترنت اليوم وأن حوالي 10 مليون منهم يملكون وصولاً إلى الوب بالإضافة إلى البريد الإلكتروني والوورلد وايد وب ليصل العدد من مستخدمي الانترنت المتمرسين ببعضهم البعض ويتبادلون الملفات عبرها بواسطة أساليب أقل شيوعاً مثل FTP ويوزنت.

ولكن ما علاقة ذلك بالانترانت:

ستلاحظ أن معظم ما تتعلمه عن الانترنت يمكن تحقيقه أيضا بواسطة شبكة انترانت.

لكن ما الحاجة إلى شبكة انترانت؟

---

[1] ألفباء الانترانت، بيتر دايسون وآخرين، ترجمة مركز التعريب والترجمة، الدار العربية للعلوم، بيروت، لبنان، 1998، ص22.

الانترانت هي شبكة داخلية في الشركة تستعمل معايير الانترنت من HTML اختصاراً لجملة (Hyper Text Markup Language). و HTTB اختصار (Hyper Text Transfer Protocol) وبروتوكول الاتصالات TCP/IP اختصار (Transmission Control Protocol/ Internet Protocol)بالإضافة إلى مستعرض وب رسومي لدعم البرامج التطبيقية وتزويد حلول إدارية بين أقسام الشركة. هذا التعريف هو مجرد واحد بين عدة تعاريف أخرى. مثلاً: الانترانت يمكن أن تكون بسيطة جداً بأن تتألف من ملقم وب داخلي يتيح للموظفين الوصول إلى كتيبات العمل ودليل الهاتف. كما يمكن أن تكون معقدة جداً بأن تتضمن تفاعلات مع قاعدة بيانات واجتماعات فيديوية ومجموعات مناقشة خاصة ووسائط متعددة.

تعريف مجلة Pc magazine للانترانت:

إن بناء انترانت خصوصية يتم الوصول إليها عبر ملقم تتحكم به أنت هو أشبه بالعيش على جزيرة لا تظهر على أية خريطة جغرافية. لا أحد يعلم بك. تستعمل الانترانت ملقم وب لكن خلافا للوب المتوفرة عبر الانترنت، يكون ملقم وب الانترانت موصول فقط بالشبكة المناطقية المحلية التي تخص الشركة.

يمكن أن تستعمل الانترانت أيضا ملقمات أخبار وبريد لإنشاء مجموعات اخبار خصوصية وللتراسل عبر البريد الإلكترونية. بمعنى آخر تستعمل الانترانت أدوات الانترنت ومعاييرها لإنشاء بنية تحتية يستطيع الوصول إليها فقط أولئك الذين يعملون ضمن الشركة. وفي معظم الحالات يستطيع موظفو الشركة الخروج إلى الانترنت لكن المستخدمين غير المرخص لهم لا يستطيعون الدخول إلى انترانتهم.

تقوم بعض الشركات بإنشاء شبكات انترانت خصوصية يستطيع مستخدمون من الخارج في الوصول إليها على أساس انتقائي. مثلاً إذا كانت شركتك شريكة مع شركة أخرى تحتوي انترانتها على معلومات سلع تستعملها شركتك داخلياً لتلبية الطلبيات يمكن لتلك الشركتين أن تربط انترانتيهما لمنع تكرار المعلومات.

تماماً كما هو الحال مع الوب يمكن أن تستعمل انترانتك وسائط متعددة ونماذج قابلة للتعبئة لزيادة وظائفيتها وفائدتها. كما يمكنك شمل مجموعات أخبار خصوصية واستعمال البروتوكول FTP لزيادة الوظائفية. لكن خلافاً للوب، بما أن انترانتك هي عبارة عن بيئة مغلقة فبإمكانك التحكم بعمليات الوصول إليها، كما أنها تعمل أسرع بكثير من الانترنت.

البريد الإلكتروني:

إذا كانت الوب هي قلب الانترنت فالبريد الإلكتروني هو دمها. يتيح لك البريد الإلكتروني التفاعل مع الآخرين على راحتك، فبإمكانك وضع ملاحظة بسرعة أو أخذ كل وقتك في صياغة فكرة قبل إرسالها.

يوفر لك البريد الإلكتروني عفوية الهاتف مع ترف استهلاك الوقت الذي تقدمه لك عملية كتابة الرسائل المقصودة من مصطلح بريد الكتروني هو البريد الإلكتروني الذي يتم إرساله عبر الإنترنت أو ربما الإنترانت.

قد تملك شركتك أو مركز خدمات فورية نظام بريد إلكتروني مغلق يعمل كالبريد الإلكتروني العادي وحتى أنها قد تستعمل نفس برنامج البريد الإلكتروني لكنها تجعل مراسلاتك مقتصرة على المستخدمين الذين تعرف عنهم.

لنفترض الآن أنك تريد إرسال بريد إلكتروني إلى شخص خارج شركتك. لإرسال بريد إلكتروني واستلامه يجب أن يكون لديك ثلاثة أمور:

- اتصال بالإنترنت.

- حساب في الإنترنت.

- برنامج بريد إلكتروني.

من المحتمل أنك تملك كل شيء تحتاج إليه لإرسال بريد إلكتروني من عملك أو عبر المدرسة. وكذلك إذا كنت متصلاً بأحد مراكز الخدمات الفورية الرئيسية كمبيوسرف أو أميركا أو نلاين مثلاً يمكنك إرسال بريد إلكتروني إلى الإنترنت تماماً مثلما ترسله إلى بقية مستخدمين مركز الخدمة.

إذا كنت لا تملك كل شيء تحتاج إليه عليك أولاً إنشاء حساب في الإنترنت. الشركات التي تسمى ISP اختصار (Internet Service Provider) أو مزود خدمات الإنترنت، تزودك بحساب في الإنترنت وقد تدير أيضا وصلة بريدك الإلكتروني.

يمكن أن يكون برنامج بريدك الإلكتروني معقداً كبرنامج معالجة النصوص الذي تستعمله أو يمكن أن يكون بسيطاً جداً. حتى أنه يمكنك استعمال مستعرض وب لإرسال بريد إلكتروني، تتيح لك بعض أنظمة البريد الإلكتروني إنشاء لوحات للمجموعات أو مجلدات عمومية لمشاركة المعلومات. إذا كان نظام البريد الإلكتروني في شركتك يتضمن تلك الميزات تكون لديك انطلاقة لا بأس بها بالانترانت.

يستعمل البريد الإلكتروني نظاماً يعرّف عن المستخدم بشكل مستقل عن المكان الذي يُرسل منه أو إليه ويعرّف نوع المكان الذي تأتي منه الرسائل أو تذهب إليه. مثلاً

إذا أرسلت بريداً إلكترونياً إلى العنوان <u>JDoe@Mycompay.com</u> فإن هذا الاخير يبلغك أن الرسالة يجب أن تذهب إلى شخص يدعى JDoe موصول بشركة تدعى My Company أما الجزء com. فيبلغك أن الشركة هي تجارية.

أنواع العناوين الأخرى المسماة ميادين (domains) التي ستراها هي gov.(حكومية) و org. (مؤسسات عادة لا تبغي الربح). و edu (معاهد تعليمية) هناك ميادين أخرى ومقترحات لزيادتها لكنها هذه هي التي ستصافحك أكثر من غيرها عند إرسال واستلام بريد إلكتروني بواسطة الإنترنت وانترانتك.

عندما تعطي أحد الأشخاص عنوان بريدك الإلكتروني فإنك تلفظ النقطة (دوت) والحرف @ (آت).

تتألف معظم أسماء المستخدمين من أول حرف في اسمهم ثم كنيتهم. يتم عادة لفظ الحرف الأولي بشكل مستقل عن الكنية مثلا. العنوان لمذكور أعلاه سيلفظ "جاي دوو آن ماي كومباني دوت كوم". تذكر ان معظم وليس كل العناوين تعمل بهذه الطريقة. بعض الأنظمة تستعمل أرقاماً لتعريف المستخدمين وليس أسماء حقيقية.

الوورلد وايد وب:

يخلط معظم الأشخاص بين المصطلحين الانترنت والوورلد وايد وب لكنهما مختلفان. فيمكنك اعتبار الوورلد وايد ويب (تسمى أيضا wwww أو الوب) كفيلم والإنترنت هي الأجهزة والكابلات التي تحضره إلى منزلك أو مكتبك. بمعنى آخر الوب البروتوكول HTTP لتسليم محتويات صفحات HTML مثلا عبر الإنترنت.

قد تكون تستعمل الوب بشكل يومي حالياً، لكن دعنا نتناول بعض مصطلحاتها ومفاهيمها الأساسية لنتأكد من أننا نتكلم نفس اللغة. يتم الوصول إلى الوب عادة عبر مستعرض (browser) وهو برنامج في كمبيوترك يعرف كيفية قراءة وعرض محتويات الوب نتسكايب نا فيغيتر ومايكروسوف انترنت اكسبلورر هما أشهر مستعرضين متوفرين هذه الأيام.

لقد تم تصميم الوب كشبكة مستضاف -ملقم. بمعنى آخر يتم توزيع أو تلقيم محتويات الوب إلى النترنت من ملقمات وب (web servers) وهي كمبيوترات موصولة بالوب وتستعمل ملقم وب، كنتسكايب فاستراك سرفر (Fast Track Server) أو مايكروسوفت انترنت انفورميشن سرفر:

(Internet Information server) .

بعد ذلك تقوم مستضافات وب (web clients) باستلام تلك المعلومات.

مستضاف الوب هو مجرد كمبيوتر موصول بالوب ويستعمل برنامجاً (مستعرض مثلاً) بإمكانه استلام ملفات من الوب.

يتم إرسال صفحات الوب والبريد الإلكتروني والبرامج والصور. كل أنواع الملفات الكمبيوترية عبر الإنترنت بواسطة بروتوكولات. هذه البروتوكولات هي مجموعة من القواعد الشائعة تتيح للكمبيوترات التي تستعمل أنظمة تشغيل مختلفة أن تتصل ببعضها البعض. تحدد تلك القواعد كيفية إرسال المعلومات من ملقم إلى مستضاف والعكس بالعكس. إن بروتوكول التحكم بالإرسال/برتوكول الإنترنت أو TCP/IP هو البروتوكول القياسي لاتصالات الإنترنت. وأحد البروتوكولات المشهورة هو HTTP أو Hyper Text Transfer Protocol (بروتوكول نقل

النصوص التشعبية). HTTP هو البروتوكول المستعمل لتوزيع محتويات الوب على الإنترنت والإنترانت.

الكلمة نصوص تشعبية في الجملة "بروتوكول نقل النصوص التشعبية" تشير إلى أحد مظاهر طريقة تنظيم المعلومات على الوب. بالرغم من أن النصوص التشعبية هي جزء كبير مما جعل الوب وشبكات الأنترانت تصبح قوية ومشهورة إلى هذا الحد. إلا أن هذا المصطلح ليس حكراً عليها. إذا كانت قد استعملت ملف تعليمات ويندوز أو لماك فتسكون قد استعملت نظام نصوص تشعبية.

في أبسط أشكالها النصوص التشعبية هي مجرد طريقة لتقديم المعلومات في تنسيق غير مستقيم فهي تتيح لك الانتقال بين المعلومات على أساس السياق وليس مجرد التقيد بالتسلسل الجاف والمحدد مسبقاً التي تجده في الكتب.

الارتباطات (links) هي نواحي خاصة في النص يمكنك نقرها للانتقال في المستند. يتم عادة تمييز الارتباط عن بقية النص لكي تعرف أنه قابل للنقر.

لتصميم شبكة انترانت فعالة ستحتاج إلى فهم جيد عن كيفة تنظيم المحتويات التشعبية بشكل فعال.

إن نصوص الوب التشعبية مكتوبة في شيء يدعى HTML بالرغم من HTML هي اختصار (Hyper Text Markup Language) (لغة ترميز النصوص التشعبية) إلا أنها في المواقع مجموعة شيفرات نصية أكثر مما هي لغة برمجة. إذا كنت قد استعملت معالج نصوص متوافق مع دوس مثل وورد برفكت أو وورد ستار فإن اللغة HTML ستكون على الأرجح مألوفة لديك.

لقد اضطر ناشرو الوبالأوائل إلى إنشاء شيفرات HTML بأيديهم لكن اليوم هناك عدة أدوات تأليف مثل مايكروسوفت فرونتبيج أو أدوبي بيج مل تسهل عملية إنشاء صفحات HTML كثيراً.

يوزنت:

يوزنت (usenet) هي شبكة كمبيوترات توز مجموعات أخبار (newsgroups). مجموعات الأخبار هي في الواقع مناطق مناقشة مرئية هرمياً حسب الموضوع وتتقيد أسماء مجموعات الأخبار بنمط قياسي يشبه إلى حد بعيد نمط عناوين بريد الإنترنت والوب هناك ثمانية فئات رئيسية هي:

Alt مجموعة بديلة تناقش أغرب الأشياء التي يمكن أن تكون قد خطرت على بالك.

Comp- مواضيع لها علاقة بالكمبيوتر بما في ذلك الأجهزة والبرامج.

Misc- مواضيع متفرقة لا تتناولها بقية المجموعات قد تكون هذه الفئة مستنسخة بمجموعة أخبار alt.

Rec- اهتمامات استجمامية من بينها النشاطات الخارجية والهوايات والأفلام وبرامج التلفزيون.

Sci- مواضيع عملية منعلم الفلك إلى علم الحيوان.

Soc – مناقشة المواضيع الاجتماعية والثقافية وغيرها من المسائل ذات الصلة.

Talk- مجموعات تحاورية حول نطاق واسع من المواضيع.

إذا قررت إنشاء مجموعة أخبار يوزنت ستتوفر عبر انترانتك فقط فتستعمل على الأرجح مستعرضاً لقراءة الرسائل.

FTP:- المكون الرابع للانترنت هو FTP.

FTP هو اختصار (File Transfer protocol) (بروتوكول نقل الملفات).لقد تم إنشاء هذا البروتوكول للسماح لمختلف أنواع الكمبيوترات تبادل الملفات بعضها مع بعض في طريقة قياسية.

في هذه الأيام يرسل معظم الأشخاص الملفات عبر البريد الإلكتروني. لقد أدت محدودية التقنية سابقاً على جعل عملية التبادل هذه صعبة الاستعمال وتتطلب وقتاً طويلاً. لكن البروتوكول FTP قدم طريقة أسهل بكثير. لا يزال FTP مشهوراً خاصة عند الشركات والجامعات وبقية المؤسسات التي تريد جعل مساحة في قرصها الثابت متوفرة للجميع على الإنترنت.

كما هو الحال مع يوزنت يمكن الوصول إلى FTP عبر مستعرض وب أو باستعمال برنامج FTP مكمرس كالبرنامج WS-FTP الممتاز.

عندما تستعمل البروتوكول FTP من خلال مستعرض أو برنامج FTP رسومي، سترى سرد دلائل يشبه نوع السرد الذي تراه عندما تفتح مجلداً في الماكنتوش أو مستكشف ويندوز.

عندما تسجل دخولك كمستخدم مجهول في موقع FTP لتعقبك معظم تلك المواقع بطريقة أو بأخرى لكن كقاعدة هو عالم غير آمن من المعلومات غير المراقبة وغير المصفاة.

تاريخ موجز عن الإنترنت وشبكات الإنترانت:

شبكات الإنترانت هي الاختراق الكبير الذي تعرضت له أساليب الاتصالات ا لذي تسببت به الوورلد وايد وب. لقد استغرقت تقنية وب الانرنت وقتاً طويلاً لكي تنشئ بيئة آمنة ومستقرة تستطيع الشركات الاتكال عليها. لو لم تكن التقنية هي الجافع الرئيسية فهي كانت بالرغم من ذلك مكوناً أساسياً ويمكن استنتاج بعض الأمور عن سرد تاريخي للأحداث. فيما يلي بعض معالم الانترنت التي جعلت شبكات الانترانت ممكنة:

- في العام1969 تم إنشاء آربانت (ARPAnet) شبكة اختبارية من أربعة كمبيوترات من قبل وكالة مشاريع الأبحاث المتقدمة (ARPA) في وزارة الدفاع الأمريكية لكي يتمكن علماء الأبحاث من الاتصال مع بعضهم البعض.

- في العام 1971تضمنت آربانت حوالي عشرين موقعاً من بينها جامعتي أم آي تي وهارفرد وفي العام 1974 تضمنت آربانت 62 موقعاً وفي العام 1981 أكثر من 200 موقع.

- خلال الثمانينات انضم مزيد ومزيد من الكمبيوترات التي تستعمل أنظمة تشغيل مختلفة.

- وفي العام 1983 انتقل القسم العسكري من آربان إلى ملينت (MILnet) وتم تسريح آربانت رسمياً في العام 1990.

- في أواخر الثمانينات بدأت قاعدة العلوم الوطنية (National Science Foundation) شبكة الخاصة NSFnet وسمحت للجميع الوصول

إليها، لكنها كانت في المقام الأول مكاناً للتقنيين وحاملي شهادة البرمجة وأساتذة الجامعات.

- في أواخر الثمانينات وأوائل التسعينات أنشأ تيم برنرز لي وزملاءه في مركز الأبحاث الذرية الأوروبي (European Particle Research Center) أو (CERN) في سويسرا ما سيصبح لاحقاً الوورلد وايد وب. لقد كان هدفهم تحسين طريقة مشاركة المعلومات والأبحاث من خلال إنشاء نظام يمكن فيه نقل مستندات النصوص التشعبية وعرضها وطباعتها بسهولة من أي كمبيوتر موصول بالانترنت.

- في العام 1992 تم إطكلاق نظام الوورلد وايد وب وبرنامج وفي أواخر العام 1993 أصدر المركز الوطني لبرامج البرمجة المتفوقة NCSA اختصار (National Center for supercomputing Applications) إصدارات من موزاييك (أول مستعرض وب رسومي) متوافقة مع مايكروسوف ويندوز وأجهزة اليونيكس التي تستعمل نظام التشغيل X window system وأجهزة الماكنتوش.

- في فبراير 1993 عندا زار الرئيس بيل كلنتون المقر الرئيسي لشركة سيليكون غرافيكس التقط الموظفون في جميع أنحاء العالم عنوانه عبر شبكة داخلية ترتكز على تقنية الوب- كانت شبكة انترانت بدائية .

- في العام 1994 أصدرت شركة نتسكايب كومبوينكايشن المستعرض نتسكايب نافيغيتر. أصبح نافيغيتر موزوعاً بشكل كبير في جميع أنحاء العالم بواسطة الانترنت. وقد لعب دوراً هائلاً في حث نمو الوب بشكل سريع.

- في ديسمبر 1994 أمبر بيل غابيش شركة مايكروسوفت أن تغير تركيزها نحو الانترنت ثم أصدرت الشركة في أغسطس 1995 البرنامج انترنت أكسبلورر وهو مستعرض أصبح في تناقس شديد مع نتسكايب نافيغيتر.

- بحلول العام 1996 كان أبرز حدث هو الجافا لغة البرمجة من شركة صن لإنشاء برامج الإنترنت والانترانت في غضون ذلك بدأت شركات نتسكايب ومايكروسوفت وأباتشي وغيرها إصدار برامج ملقات وب بخسة الثمن أو حتى مجانية جعلت عملية إعداد شبكات انترانت غنية المايا أسهل بكثير.

- وفي العام 1997 وما بعده تعيد شبكات الانترانت تعريف طريقة الاتصالات الحاصلة حالياً في العالم. فالجدران بين أقسام الشركات بدأت تنهار وبدأت الشركات تعيد التفكير بالأفكار القديمة بشأن طريقة تأديتها العمل. إن شبكات الإنترانت تتوسع إلى اكثرانت أو شبكات انترانت ممزوجة بموقع وب انترنت لزيادة نوع ونطاق المعلومات المتوفرة.

كيف يتم استعمال شبكات الانترانت:
إن طرق استعمال شبكة انترانت من قبل المصانع والشركات والمؤسسات لاتحصى ومتنوعة مثل تنوع الشركات نفسها.
وفيما يلي بعض الأمثلة عن طريقة استعمال الشركات لشبكاتهم الانترانت:

- في شركة جينيتيك Genetech شركة مستحضرات صيدلية يستطيع الموظفون الحصول على دليليهم، ومعرفة كيفية الحصول على بطاقات

عمل وقراءة بلاغات الشركة والحصول على معلومات عن حاضرات الأبحاث والمباني ونفقات السفر والمساعدات والعناية بالأطفال.

- في شركة كومباك للكمبيوترات يدخل الموظفون في انترانت ليغيروا استثماراتهم في خططهم.

- تستعمل شركة سيليكون غرافيكس انترانتها لوصل عدة شبكات انترانت تابعة لعدة أقسام مما يسمح لتلك الأقسام مشاركة البيانات مع بقية المجموعات في الشركة والاتصال بالأقسام التي قد لا تملك مكتباً في الشركة لكن بإمكانها الاتصال هاتفياً بانترانت الشركة طلبات لمعلومات المبيعات والسوق أو لعقد اجتماعات على الخط أو القيام بمهام أخرى.

- في شركة AT & T يبقى الموظفون على اتصال ببعضهم بعض عبر قاعدة بيانات انترانتية تحتوي على أرقام الهاتف والعناوين والمناصب ومعلومات إدارية عنهم كلهم البالغ عددهم 300000 دليل هاتف يحتوي على بيانات لعدد من الأشخاص يفوق مجموع سكان أي بلدة متوسطة الحجم.

- في شركة HBO يستعمل الباحثون والمبرمجون والمدراء المستوى العالي شبكة انترانت للوصول إلى قاعدة بيانات تحتوي على معلومات عن كل فيم تم تصويره، تتضمن قاعدة البيانات تلك سجلاً بأسماء العاملين في الفيلم ومخرجه وموزعه والأرباح التي حققها وما إذا كان متوفراً على أشرطة فيديو أم لا.

● في شركة فورد للسيارات بمساعدة شبكة انترانت تربط مراكز التصميم الموجودة في آسيا وأوروبا والولايات المتحدة أنشأ المهندسية سيارة طوروس العام 1996.

إن استعمال الشركات شبكات انترانتهم يساعد على زيادة الإنتاجية ورفع معنويات الموظفين وتوفير المال والأشجار إلى جانب اتخاذ قرارات تجارية أفضل.

وفقاً لزونا للأبحاث بلغ سوق التقنيات والسلع التي لا علاقة بالانترنت والانترانت حوالي خمسة مليارات دولار في العام 1995 مما يزيد عن التوقعات. كما توقعت زونا للأبحاث أن تتخطى مشاريع الانترانت الإنفاق على الانترنت بنسبة 4 إلى 1.وستصل إلى حوالي 8 مليار دولار في العام 1998. السبب انتشار أسرع من المتوقع لشبكات الانترانت في الشركات ربما قد يساعد هذا في تفسير جملة قالها مدير ورئيس مجلس إدارة شركة صن السيد سكوت ماكينلي: "شبكات الانترانت ضخمة". فكيف لنا أن نتصور الحال في عام 2009 لا شك أنها ضخمة جداً وأن إدارة المعرفة يجب أنتركز على الانترانت للوصول إلى أهدافها في المنظمة. مثلاً تملك شركة ديجيتال Digital Equipment corporation أكثر من 400 موقع وب داخلي وتملك سيليكون غرافيكس حوالي 600 ملقم وب. ومصن مايكرو سيستمز أكثر من 1000. قال السيد فرانك ديثريتش مدير أنظمة الوب السابق في شركة سيليكون غرافيكس أن الإنترانت هي "كالآلاف الأزهار تتفتح" ووفقاً للسيد ديثريتس" بالكاد تجد فيسيليكون غرافيكس قطعة معلومات ليست مدخلة في الكمبيوتر".

روت شركة International Data Corporation أنه حتى مبيعات ملقمات الوب الانترانتية في العام 1995 تخطت مبيعات ملقمات الوب الانترنية بنسبة

10% وتوقعت أن تتخطى تراخيص الملفات للاستعمال الانترانيتي في العام 2000 تلك الخاصة ب الانترنت بنسبة 10 إلى 1.

تقول شركة نتسكايب كومبو نيكايشن أن حوالي 80% من عائدائتها تأتي من شركات تستعمل في المقام الأول تقنيتها في إعداد شبكات الانترانت.

كما تقول شركة مايكروسوفت أن 80% من ملقمات الانترنت الخاصة بها يتم استعمالها على شبكات الانترانت.

في العام 1995 كان سوق ادوات تأليف الوب (البرامج التي يتم استعمالها لإنشاء صفحات وب) حوالي 23 مليون دولار وأشارت التوقعات إلى أن المبلغ سيصل إلى 300 مليون دولار في نهاية التسعينات وقدرت فورستر للأبحاث أنه بحلول العام 1999 سيكون مجمل سوق برامج الانترنت قد نما إلى 9 مليار دولار معظمها يأتي من شبكات الانترانت.

إن هناك الكثير من الحماس يحيط بشبكات الانترانت وأن إمكانية النمو والإنتاجية عند استعمال شبكة انترانت أقوى بكثير من نمو مواقع الوب المرتكزة على الانترنت.

مظهر شبكة انترانت:

العنصران الأساسيان في أي شبكة انترانت هما: صفحة البدء (homepage) والارتباطات. صفحة البدء هي ببساطة أول شاشة تراها عندما تدخل إلى موقع وب. ويظهر الارتباط عادة بطريقة متميزة بصرياً وهو يمكن أن يكون نصاً أو رسماً.

تظهر الارتباطات النصية عادة بلون مميز (الأزرق هو اللون الافتراضي في نافيغيتر وانترنت اكسبلورر) وتكون مسطرة. عندما تضع مؤشر الماوس فوق ارتباط رسومي فإنه غالبا ما يتحول إلى يد وعندما تنقر ارتباطاً ستذهب إلى الصفحة (الشاشة) التي يمثلها الارتباط. بهذه الطريقة يمكنك التنقل في أي انرانت.

من يجب أن يتولى إدارة شبكتي الانترانت:

إذا كانت شركتك صغيرة فقد يكون نفس الشخص الذي يدير موقع الوب الخاص بها على الانترنت وإذا كانت كبيرة فقد تضطر إلى تكريس عدة موظفين ليديروا الملقمات وجدار النار ويبرمجوا صفحات الـHTML ويكتبوا برمجيات الجافا ويراقبوا زحمة الموقع.

من الأنسب انترانت أو انترنت:

قد يسأل البعض من الأنسب لأعمال الانترانت أم الانترنت.

الفرق الرئيسي بين الانترنت وشبكة انترانت هو التركيز.

فموقع انترنت ينظر إلى خارج الشركة مواقع انترانت فخصص عادة للاستعمال الداخلي. يمكنك إنشاء موقع انترنت من دون أن يكون لديك موقع انترانت ويمكنك بالطبع إنشاء موقع انترانت من دون الاتصال بالانترنت. سواء اخترت تطبيق أحد هذين الموقعين أو كلاهما وفقاً لطبيعة عملك وما تأمل تحقيقه من هذه التقنية.

إليك بعض الأسئلة لمساعدتك على اتخاذ القرار:

- هل أنت مهتم في المقام الأول بتحسين الاتصال بين موظفيك أو هل تحتاج إلى طريقة أفضل للحصول على أداء زبائنك؟
- هل تريد السير في اتجاه تحقيق مكتب خال من الورق أو هل تريد الاستفادة من الطريقة الأحدث لوضع اسم شركتك أمام ملايين الزبائن؟
- هل تريد ترسيخ شراكة مع المموولين أو هل تريد تخفيض عدد الاتصالات الهاتفية التي تقوم بها إلى قسم خدمة الزبائن في شركتك؟
- من سيجعل أعمالك أكثر فعالية: إعطاء موظفيك أحدث المعلومات في حقل عملك أو جعل كتالوج سلعك متوفرة فورياً (على الخط).
- كيف تصف ثقافة شركتك. هل الموظفين ضليعين بأمور الكمبيوتر، هل الإدارة مرتاحة للمسائل الأمنية المتعلقة بالاتصال بالعالم الخارجي؟.
- ما هي متطلباتك الميزانية؟ هل السيولة في شرتكتك متوفرة أم هي منطلقة حديثاً؟
- ما هو نوع الموارد التقنية التي تملكها شركتك؟ هل تضم أنظمة المعلومات شخصاً واحداً أو قسماً بأكمله؟

بغض النظر عن الاتجاه الذي تسلكه شركتك فإن البدء بشبكة انترانت له حسنة واضحة المعالم:

يمكنك البدء صغيراً ثم النمو تدريجياً فمع شبكة انترانت من غير الضروري أن تكون لديك كميات ضخمة من المحتوى دفعة واحدة. ولست تقدم شركتك للعالم أجمع. يمكنك البدء بشكل خفيف مع التقنية. يمكنك أخذ فكرة عما يجري من خلال اختيار المحتوى وتصميم المستندات ويمكنك تغيير رأيك.

إذا كنت تميل إلى خيار إنشاء شبكة انترانت إليك سؤال إضافي للتفكير به ملياً وهو:
من هم زبائنك؟

إن أي مؤسسة تنشئ موقع وب وانترنت تفعل ذلك عادة مع وجود هدف واحد في ذهنها: تلبية احتياجات زبائنها، بشكل مماثل، أي مؤسسة تنشئ شبكة انترانت تفعل ذلك لزبائنها، الأشخاص ضمن المؤسسة. إذا لم تلبِ شبكة الانترانت احتياجاتهم فستفشل.

إن العاملون في أي مؤسسة له مطلبين رئيسيي:

الاتصال ببعضهم والحصول على وصول إلى كل المعلومات التي يحتاجون إليها للقيام بعملهم على نحو جيد. هذا ما يجب أن تدركه إدارة المعرفة في المؤسسة.

الخاتمة

بهذا نكون قد انتهينا من فصول هذا الكتاب الذي تناول موضوعاً هاماً في الإدارة والأعمال وهو إدارة المعرفة، لما لهذه الإدارة من أهمية في عصرنا الذي يعيش ثورة هائلة في التطور التكنولوجي وخاصة في مجال المعارف والمعلومات وسيجد القارئ في فصول هذا الكتاب ما يساعده على فهم إدارة المعرفة ودورها وأهميتها للمنظمة لقد كان لزاماً أن نمهد للموضوع بداية بالتعرف على مفهوم الإدارة بشكل عام ووظائفها وبعض المفاهيم الإدارية الأساسية الضرورية كمدخل لموضوع إدارة المعرفة ثم انتقلنا إلى مفهوم إدارة المعرفة وعناصر نجاح مشروع إدارة المعرفة وبيّنا طبيعة المعارف التي تحتاج إليها المنظمة وحالة هذه المعارف وأثرها على تصميم المنظمة ومصادر الحصول على المعلومات والمعارف ثم انتقلنا إلى موضوع له علاقة بإدارة المعرفة وهو الإنترنت والمكتبات والفهرسة والأرشفة وتعرضنا لموضوع أنواع المكتبات ونظام ديوي العشري ونظام مكتبة الكونجرس والتصنيف والسجلات والأرشفة ثم بيّنا بعد ذلك مفهوم تعريف لمعلومات وإدارة المعلومات ووظائفها وأنظمة المعلومات وتطويرها ومصطلحات علمية في مجال إدارة المعرفة والمعلومات ثم انتقلنا إلى صلب إدارة المعرفة وهو موضوع نظم المعلومات الإدارية ومفهومها وكيف يعمل النظام الإداري والعمليات الحاسوبية وقدرات الحاسوب في مجال الإدارة والتطبيقات المكتبية للحواسبي في عالم إدارة الأعمال وتطبيقات شبكة الانترنت في مجال العمل الإداري. ثم تحدثنا عن العراقة بين التجارة الإلكترونية وإدارة المعرفة وبيّنا مفهوم كل منهما وفوائد إدارة المعرفة والتجارة التعاونية إدارة المعرفة وبوابات الإنترنت التعاونية ثم تحدثنا عن العلاقة

بين إدارة المعرفة والتوثيق الإلكتروني وبينا مفهوم التوثيق الإلكتروني ومفهوم التشفير ووظائف التوثيق الإلكتروني ومفهوم جهات التوثيق الإلكتروني ووظزائف جهات التوثيق الإلكتروني وحول تطبيق إدارة المعرفة في المؤسسات اخترنا موضوع نظم المعلومات التربوية حيث بينا مفهوم الإدارة ومهامها ومفهوم نظم المعلومات ونظم المعلومات في المؤسسة التربوية والتفكير التنظيمي واتخاذ القرارات والحاسوب والإدارة المعاصرة. ثم انتقلنا إلى موضوع رئيسي في إدارة المعرفة وهو إدارة المعرفةوالوب حيث بيّنا التخطيط لإنشاء صفحات الوب ومبادئ التخطيط والعوائق أمام التخطيط وطرق التخطيط لسلوك المستخدم والأمور التي يمكن السيطرة عليها عند بناء صفحة الوب وأساليب التخطيط لصفحة الوب وخصائص الموقع وعملية عرض الموقع وختمنا فصول الكتاب بفصل خاص عن إدارة المعرفة بالإنترنت والانترانت وبينا مفهوم كل منهما والفرق بينهما وتحدثنا عن البريد الإلكتروني والوورلد وايد ويب واليوزنت و FTP ثم استعرضنا تاريخ موجز عن الانترنت وشبكات الانترانت وكيف يتماستعمال شبكات الانترانت ومظهر شبكة الانترانت ومن يجب أن يتولى إدارة شبكتي الانترانت ومن الأنسب للمؤسسة الإنترانت أم الانترنت.

لقد جاء الكتاب غنياً بالمعلومات الضرورية عن موضوع إدارة المعرفة نرجو أن يفيد منها القارئ الكريم وخصوصاً من يرغب في تطبيقها في المنظمة التي ينتسب إليها.

الكاتب

المصادر والمراجع

1- أبو الليل، إبراهيم الدسوقي، الجوانب القانونية للتعاملات الإلكترونية، ط1، مجلس النشر العلمي، جامعة الكويت،الكويت، 2003م.

2- برنوطي، سعاد نايف، الأعمال، دار وائل، عمان، الأردن، 2001.

3- الحجّار،وسيم شفيق، الإثبات الإلكتروني، ط1، مكتبة صادر، بيروت، لبنان، 2002م.

4- حجازي، عبد الفتاح بيومي،التوقيع الإلكتروني في النظم القانونية المقارنة، دار الفكر الجامعي، الإسكندرية، مصر، 2005.

5- حسان، لينا إبراهيم يوسف، التوثيق الإلكتروني ومسؤولية الجهات المختصة به، دار الراية، عمان، الأردن، 2009.

6- دايسون وآخرون، بيتر، ألفباء الإنترانت، ترجمة مركز التعريب والترجمة، الدار العربية للعلوم، بيروت، لبنان، 1998.

7- رولاند، روبين، الدليل المبتكر عبر الإنترنت، ترجمة بهاء شاهين، مجموعة النيل العربية، القاهرة،مصر.

8- شاويش، مصطفى نجيب، الإدارة الحديثة، دار الفرقان، عمان، الأردن، 1993.

9- شلباية وآخرون، مراد، إنشاء وإدارة مواقع الوب، دار المسيرة، عمان، الأردن، 2002م.

10- الشنواني، صلاح الدين، إدارة الأفراد والعلاقات الإنسانية، دار الجامعات المصرية، القاهرة، مصر، 1970.

11- الطيطي، خضر مصباح، التجارة الإلكترونية والأعمال الإلكترونية، دار الحامد، عمان، الأردن، 2008.

12- عبود، حارث، الحاسوب في التعليم، دار وائل، عمان، الأردن، 2007م.

13- عبيد، عادل محمد، إدارة الأفراد، دار النهضة العربية، القاهرة،مصر، 1964.

14- قرطاس، المنصف، حجّية الإمضاء الإلكتروني أمام القضاء، اتحاد المصارف العربية، بيروت، لبنان، 2000م.

15- قشقوش، هدى حامد، الحماية الجنائية للتجارة الإلكترونية، دار النهضة العربية، القاهرة، مصر، 2000م.

16- اللوزي وآخرين، سليمان، أساسيات في الإدارة، دار الفكر، عمان، الأردن، 1998.

17- مراد، فيصل فخري، الإدارة، الجامعة الأردنية، عمان، الأردن، 1989.

18- المومني، عمر حسن، التوقيع الإلكتروني والتجارة الإلكترونية، دار وائل، عمان، الأردن، 2003م.

19- BITAN (H),La signature electronique comment La technique repond- L- allaux Exigenees deLa Loi, 2to 3, Pal. 19-20- Juillet 2000, p. 8.

20- Brdinar (G),International a La nation de signature electronique, p.6

21- Flippo-A, Principles of Personnel, N.Y. McGraw-Hill Book, Inc, 1961, p.7

22- Michael Chissik and Alistair Kelman, Electronic Commerce: Law and Practice, 2nd ED. 2000, p155.

23- Peter F. Drucker; "Management's New People", Harvard Business Review, November/ December 1969, p. 54.

تم بحمد الله